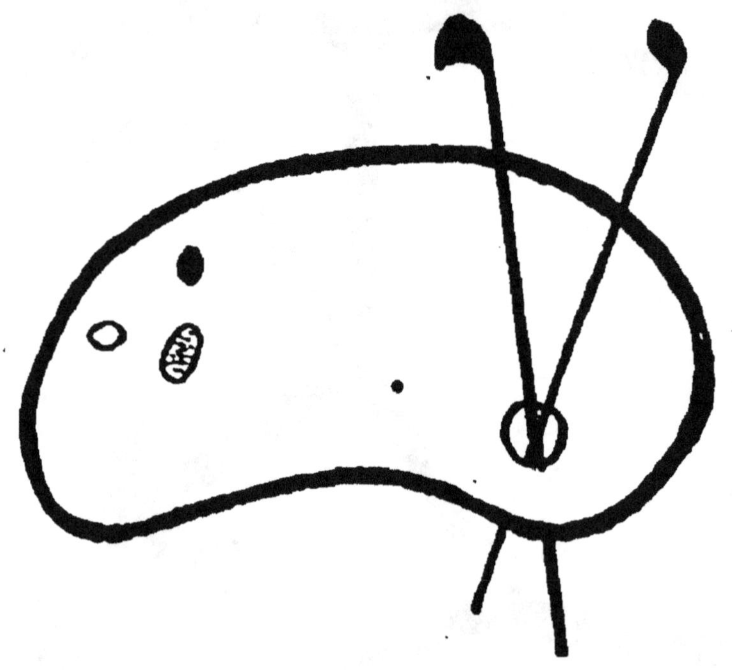

COUPON

ET

CRÉANCIERS ÉGYPTIENS

A LA PROCHAINE

CONFÉRENCE DE LONDRES

COMÉDIE DIPLOMATIQUE, EN UN ACTE

PAR

JOHN NINET

A BERNE: CHEZ L'AUTEUR

ET

CHEZ LES LIBRAIRES DE LA SUISSE & DE L'ÉTRANGER

1886

Genève. — Imprimerie SCHIPA, Cours de Rive, 3

COUPON

ET

CRÉANCIERS ÉGYPTIENS

A LA PROCHAINE

CONFÉRENCE DE LONDRES

COMÉDIE DIPLOMATIQUE, EN UN ACTE

PAR

JOHN NINET

1886

COUPON

ET

CRÉANCIERS ÉGYPTIENS

A LA PROCHAINE

CONFÉRENCE DE LONDRES

COMÉDIE DIPLOMATIQUE, EN 1 ACTE

PERSONNAGES PLÉNIPOTENTIAIRES

Lord Salisbury, K.-G., Premier Ministre de S. M. B. — Délégué de l'Angleterre. — PRÉSIDENT.
M. Waddington, Ambassadeur de France, assisté de :
M. Barrère, ex-correspondant spécial, anglophobe, parlant très bien l'anglais, Agent diplomatique et Consul Général de la République française au Caire . . . . délégué de France.
M. l'Ambassadeur d'Allemagne, délégué d'Allemagne.
M. l'Ambassadeur de Russie, délégué de Russie.
M. l'Ambassadeur d'Autriche, délégué d'Autriche.
M. l'Ambassadeur d'Italie, délégué d'Italie.
Blum Pacha,
Tigrane Pacha, } délégués du gouvernement égyptien.
Ali Dagh,
Scheik Hassan el Mârouf,
Scheik Ibrahim el Matlouf, } députés de la nation nilotique.

La scène se passe à DOWNING-STREET, dans les Bureaux du "FOREIGN-OFFICE,, à Londres

Messieurs les Plénipotentiaires, à l'exception des délégués du Gouvernement égyptien, sont réunis pour examiner et discuter les propositions anglaises au sujet des finances nilotiques.

Blum Pacha et son collègue Tigrane Pacha siègent, comme délégués, *ad consultandum* seulement.

Quant aux trois délégués de la nation égyptienne, non invités à la Conférence, ils sont chargés de la défense des droits de 6,000,000 d'habitants, leurs mandataires.

Tous les personnages, sauf les délégués des fellahs, sont assis autour d'une table ovale, recouverte du tapis traditionnel.

COUPON

ET

CRÉANCIERS ÉGYPTIENS

A LA PROCHAINE

CONFÉRENCE DE LONDRES

Lord Salisbury.

(Après la lecture du protocole de la précédente séance.)

Il est de mon devoir de communiquer à l'honorable assemblée le document aussi curieux qu'inattendu, qui vient de me parvenir : (Sa Seigneurie lit.) « La nation égyptienne, à Messieurs les membres de la seconde Conférence de Londres. — Que Dieu fasse descendre sur eux la lumière et la sagesse. »

Tous, ironiquement, sauf les représentants d'Italie et d'Angleterre.

La nation égyptienne ! Y en a-t-il une ? Des *fellahines* assujetties au joug — comme le bœuf, depuis des milliers de siècles. Nous ne la connaissons pas

M. Barrère, d'un air dégagé, visant à l'esprit.

La nation égyptienne ! charmant. — C'est contraire à nos propres notions d'histoire naturelle. Des hommes — bétail — raisonnent-ils, écrivent-ils ? Mon collègue Tricou — disait en parlant des Égyptiens : « Quarante siècles de servitude les contemplent ; qu'ils prennent patience ; ils ont du temps devant eux.

Moi — qui habite le Caire, je n'ai aucune connaissance de la nation égyptienne. — Des fellahs, oui — autre chose, non.

Le Représentant d'Italie.

Le préopinant — aime à rire, et ne parle pas sérieusement. De pareilles plaisanteries sont-elles bien convenables, dans cette enceinte? Je n'ai pas vécu en Égypte, mais j'en considère les habitants comme des hommes, semblables à nous tous, et se rapprochant de la condition des Italiens — alors que la Sainte Alliance nous tenait sous la pantoufle de M. de Metternich. Aurait-on oublié le mot du célèbre diplomate — niant les droits de la nation italienne! Le répéterai-je ici? « L'Italie !... c'est une expression géographique. Il n'y a 'pas de nation italienne ».....

— Je crois, Messieurs, que M. de Metternich se trompait. De qui discutons-nous les intérêts — à Londres,— sinon ceux de la nation égyptienne!

M. Waddington.

J'en demande pardon à mon honorable collègue. — La Conférence défend les intérêts des créanciers de l'Égypte, et l'intégrité inviolable du coupon... ce qui est bien autrement important, on me le concédera. Il est urgent qu'aucun de nous ne le perde de vue.

Le Ministre d'Italie.

Cette définition n'est pas exacte, et quoique celle-ci ne soit pas en question — je refuse de l'admettre.

L'ambassadeur d'Allemagne.

Écoutez! écoutez! Sur ce point — peu essentiel du reste — nous nous joignons à la France.

L'ambassadeur de Russie.

La question égyptienne intéresse peu notre pays. — S'il s'agissait des frontières de l'Afghanistan, l'aspect changerait. Cependant, — au nom du principe consacré par le fait accompli, — nous nous rangeons à cette manière de voir. Il y a eu bombardement et occupation militaire, sans opposition diplomatique...

L'ambassadeur d'Autriche.

Le Cabinet de S. M. I. et R. — ne saurait penser autrement que son éminent collègue de Russie. Qu'en disent les représentants égyptiens ?

Le Ministre d'Italie, interrompant.

Où sont les faits accomplis dont on parle? La conscience publique, l'humanité s'émurent — et la nation égyptienne se souleva... combattit. Cela ne vaut-il pas des protestations diplomatiques ! Les grandes puissances fermaient les yeux — et laissaient faire... Où a-t-on vu des complices se disputer avant le partage du butin ?

Blum et Tigrane.

Les délégués de S. A. Towfick Ier Khédive d'Égypte, pourrait-ils être d'une opinion contraire à celle des hommes d'État éminents qui viennent de formuler la leur ! — Pour nous, il est clair qu'entre les fellahines et les bêtes de somme, il n'y a de différence que dans la conformation physique des individus. — Nous approuvons.

Lord Salisbury.

En se rangeant à de semblables théories, le Gouvernement de S. M. B. oublierait que Sa Gracieuse Majesté, la Reine Victoria est Impératrice des Indes, où des millions de sujets musulmans obéissent à ses lois. Ce serait là une faute très grave, que nous ne commettrons pas. La digression, à laquelle cette assemblée vient de se livrer, est sans portée quant au fond. Reprenons, je vous prie, la lecture du document qui nous est adressé — (Sa Seigneurie lit.)

« Nous tous soussignés — députés des Provinces,
« Ulémas, Scheiks-el-Beled, Omdehs, agriculteurs,
« négociants etc,— habitants autochthones de la terre
« d'Égypte — adressons la présente lettre d'introduc-
« tion aux très honorés membres de la seconde Con-
« férence de Londres,— convoquée, nous a-t-on dit,
« pour s'occuper des intérêts et du bien-être de notre
« chère patrie.

« Persuadés que des Ministres d'Etat, européens,
« réunis dans le but sus-indiqué, quelqu'accomplis
« qu'ils soient, mais ignorants des besoins d'un peu-
« ple vivant à plus de mille lieues de distance, ne
« pourraient pas plus se passer, pour atteindre leur
« but, du concours d'indigènes pratiques et qualifiés,
« qu'un maréchal ne saurait forger le fer d'un cheval
« sur la mesure du pied d'un baudet. *(sourires)*

« Nous prenons donc la liberté de vous exposer
« les observations et *désideratas* suivants, en même
« temps que nous vous députons trois des nôtres,
« vous priant de les accueillir avec le *salam* de l'in-
« dulgence. Consultez-les en tout ce qui concerne la
« nation nilotique, et discutez avec eux chacune de
« nos demandes. Leur science principale est de
« connaître les hommes, les choses et les intérêts de
« notre patrie. — C'est la bonne, nous n'en avons
« pas exigé d'autre, et nous savons qu'elle vous
« suffira.

« Ne nous opposez pas, comme fin de non rece-
« voir, la présence parmi vous de deux délégués du
« gouvernement égyptien. — Nous connaissions leur
« mission, qui n'a rien de commun avec la nôtre. —
« Il n'y aura pas superfétation. Blum et Tigrane
« Pachas ne représentent pas l'Égypte proprement
« dite, mais bien S. A. Tewfick. Non-seulement le
« premier est une créature d'Ismaël — mais il fut
« toujours le disciple et l'associé, sinon l'entremet-
« teur, des usuriers qui ont ruiné l'Égypte. Sa cons-
« cience, s'il en a une, est chargée de certains *expé-*
« *dients*, que nous prions Dieu de n'avoir jamais sur
« la nôtre. — Le second est arménien et parent de
« Nubar. Ce qui veut dire beaucoup. Enfin l'un et
« l'autre, nous étant étrangers de nationalité et de
« religion, sont nos ennemis. »

Suivent les signatures, légalisées par le Scheik-ul-Islam, du Caire.

Pendant cette lecture, le silence le plus complet a régné. — Il semblait que chacun des auditeurs fût, comme malgré lui, persuadé en son for intérieur, de la légitimité des vœux émis par les pétitionnaires....

Lord Salisbury, reprenant.

Quelqu'extraordinaire que soit l'intervention de la nation égyptienne dans la conjoncture présente, il me paraîtrait aussi malséant qu'injuste de refuser, d'emblée, aux députés la faveur qu'elle réclame pour eux. Reste à examiner dans quelle mesure il pourra être satisfait aux vœux émis.

M. Waddington.

Ces fellahs, ne sachant sans doute aucune des langues occidentales, ne pourront ni saisir ni suivre le fil de nos débats. Quand nous les interrogerons, ils répondront par l'entremise de leur interprète, et ils garderont le silence si nous ne leur demandons rien. Je ne vois donc pas d'empêchement majeur à leur admission, pour laquelle j'opine.

Blum Pacha.

S'il m'était permis d'émettre humblement mon opinion et celle de mon collègue Tigrane Pacha, je...

Le Ministre d'Italie, l'interrompant.

Messieurs Blum et Tigrane n'ayant dans cette assemblée qu'une voix consultative, je m'oppose à la motion du préopinant.

L'ambassadeur d'Autriche.

Je ferai observer à mon honorable collègue que les délégués du Khédive n'ont encore formulé aucune motion. Il serait mieux de les laisser achever.

Le Ministre d'Italie.

Simple vétille et temps perdu. Chacun de nous a compris ce que les délégués du Khédive ont l'intention de communiquer à la Conférence. Votons, à main levée, si ces Messieurs ont, ou n'ont pas le droit de s'expliquer sur ce point.

On vote.

Lord Salisbury.

Unanimité moins un. — Parlez, Messieurs.

Blum Pacha, reprenant.

Je demande à l'honorable assemblée de n'admettre les soi-disants députés du peuple égyptien qu'en qualité de simples auditeurs.

Tigrane Pacha.

Appuyé. — Que pourraient dire aux membres

illustres de la seconde Conférence de Londres, des fellahs mal élevés et ignorants, des...

Le Ministre d'Italie avec vivacité (interrompant).

Que l'honorable M. Tigrane et son collègue, M. Blum, veuillent bien nous apprendre ce qu'ils étaient et ce qu'ils seraient eux-mêmes sans les sueurs de ces fellahs ignorants et mal élevés. Je proteste contre des paroles pour le moins inconvenantes.

Lord Salisbury.

Malgré mon vif désir de réduire les remarques des délégués du Gouvernement du Khédive à leur minimum de plausibilité apparente, il m'est impossible, en ma qualité de représentant de la Reine, de passer légèrement sur les circonstances qui ont concouru à la convocation de cette seconde Conférence. (Ecoutez!) Que les honorables délégués de France, d'Autriche et de Russie veuillent bien, pour un instant, examiner mentalement les faits désormais historiques auxquels je fais allusion, et ils ne s'opposeront pas, j'en suis convaincu, aux désirs de la nation égyptienne, laquelle existe bien, puisque c'est de la répartition des impôts et des taxes qu'elle paie, que nous avons à nous occuper. A mon avis, les députés doivent être admis au milieu de nous comme tels, mais à titre officieux seulement, aux fins d'y exposer l'objet de leur mission, la discuter au besoin, *ad referendum* ou *pro forma* si vous le préférez. De cette manière, la diplomatie européenne connaitra au moins quelque chose d'une question, dont elle s'est beaucoup occupée, sans l'avoir jamais comprise. (Rires homériques).

(La proposition, mise aux voix, est adoptée.)

Lord Salisbury donne l'ordre d'introduire les représentants du peuple nilotique. Les trois députés, —*Ali Dagh* le premier, entrent dans la salle. Nul embarras dans leur contenance, nul étonnement dans leurs traits. Ils s'avancent lentement, le regard paisible et assuré, et prennent place sur de larges fauteuils, en face du Président.

Ali Dagh, bédouin d'origine, porte le costume imposant et simple des riches agriculteurs du Delta. Son corps élevé, droit et solide, est enveloppé de l'ample *Haram* en fine laine blanche, recouverte d'une *Abayeh* noire, d'étoffe semblable. La tête est coiffée d'un turban de mousseline immaculée, et, sur son épaule flotte le *Milayeh* national, en soie, quadrillé rouge et bleu.

Le Scheik *Hassan el Màrouf* est un des grands négociants du Caire. Il est habillé d'un long *Jubé*, et d'un *Quftan* en drap havane. Son mince turban est d'un souple tissu indien broché, soie et coton.

Le troisième personnage, le Scheik *Ibrahim el Matlouf*, appartient à la classe des lettrés. Pendant la guerre, et sous le gouvernement national, il remplit, avec distinction, les fonctions de Moudir. Il est vêtu de noir, à l'européenne : Stambouline correctement coupée, fez rouge écarlate, linge fin et très blanc.

Tous ont reçu leur éducation au Caire, sauf le Scheik *Ibrahim* qui a passé deux ans à Heidelberg et en Allemagne. *Ali Dagh* a fini la sienne à la mosquée d'*El Azar* ; il s'exprime couramment en français. Le Scheik *Hassan* est un des notables du Caire et ne sait que l'arabe. Le Scheik *Ibrahim el Matlouf* parle avec une égale facilité le turc, le français, l'arabe, l'anglais et l'allemand.

Leur présence provoque d'abord, chez quelques membres, une curiosité qui frise l'impertinence. On ne rit pas, on ne chuchote pas, mais des yeux, pétillant de malice, disent ce que les lèvres, retenues par les convenances, n'osent articuler. M. Barrère braque un binocle minuscule sur le groupe nilotique, et sourit, en montrant du doigt, à son voisin, les ignorants fellahines.

Mais la position change bientôt lorsque les délégués, ayant été interpelés en arabe, par un drogman officiel, *Ali Dagh* se lève et répond en excellent français :

« Nous vous savons gré, Messieurs les Plénipotentiaires, de votre bienveillance. Il ne nous est jamais entré dans l'esprit que les hommes d'Etat européens, assis autour de cette table pour discuter l'emploi de l'argent du peuple égyptien, aient pu refuser d'entendre ou de consulter les députés de ceux-là mêmes qui le fournissent, alors que le pouvoir tyrannique, qui, jusqu'à ce jour, en a fait un usage si déplorable, voit ses délégués admis à ce puissant conclave.

« Au nom de la nation égyptienne, nous vous en remercions sincèrement. »

Une légère grimace effleure le rictus des membres dissidents, et le plus grand silence succède bientôt aux trépidations contenues de l'assemblée.

Lord Salisbury.

Ainsi que j'ai eu l'honneur de vous le dire, Messieurs, je crois que les travaux de la Conférence gagneront plutôt qu'ils ne perdront à l'audition officieuse des députés nilotiques. Il serait donc convenable que l'Assemblée les entendît, comme d'urgence, tous débats cessants. — *(Il consulte ses collègues).* — Pas d'opposition.

— Bien. — *(S'adressant aux représentants de la nation):* Vous avez compris, Messieurs, ce qui vient d'être décidé. — La parole vous est donnée. — Les moments de la Conférence sont précieux ; veuillez bien ne pas en abuser en traitant des sujets étrangers à la question générale.

Le Plénipotentiaire d'Italie.

J'appuie, avec reconnaissance, les déclarations de notre honorable président, auxquelles on pourrait peut-être ajouter, utilement, que les mandataires du peuple égyptien seront tenus, dans les interêts mêmes de celui-ci, de répondre aux questions que les membres de la Conférence jugeront opportun de leur adresser.

M. Waddington.

Je me joins volontiers à mon collègue d'Italie, à une condition cependant, c'est que le droit de réciprocité n'en résultera pas pour eux.

Le Plénipotentiaire d'Italie.

De l'énonciation de tout droit politique, admis, résulte une obligation synallagmatique entre les parties. Pourquoi introduirions-nous deux poids et deux mesures vis-à-vis de personnages étrangers, lesquels, à ce titre, ont d'autant plus de droits à nos égards? Je maintiens ma proposition et j'espère qu'elle ne sera pas combattue en son esprit et teneur.

Lord Salisbury consulte l'assemblée.

Pas d'opposition. — Accepté.

Un silence religieux règne. Les Plénipotentiaires prennent position dans leurs confortables fauteuils, et quelques monocles et pince-nez sont mis en batterie. M. Barrère a le sourire moins joyeux, et Messieurs Blum et Tigrane Pachas ont de la peine à faire bonne figure à mauvais jeu.

Ali Dagh debout, s'exprimant en français.

Messieurs. — La délégation du peuple égyptien — ou, si vous le préférez, de la *Watan el Masseri* (1) demande en quelle langue vous désirez que ses membres s'adressent à l'assemblée. Nous pouvons le faire, à votre choix, en français, en allemand, en arabe et en turc.

Lord Salisbury.

Le français étant la langue diplomatique européenne, vous êtes libres de vous en servir.

Ali Dagh.

La députation se réserve de déposer sur la table de la Conférence un des originaux du document, en langue arabe, qui fait la base de notre mission et que le Comité nationaliste du Caire, dont il émane, nous a prescrit de vous communiquer. Voici ce document *(il le tient et le montre)*, accompagné de sa traduction en français, collationnée et légalisée par l'autorité consulaire française, en Egypte. — Je vais en donner lecture :

« Le Comité nationaliste, siégeant au Caire, com-
« posé d'un délégué de chacun des 33 commices
« provinciaux, sur les rapports qu'il en a reçus, a
« décidé, à l'unanimité, de formuler officieusement,
« par écrit, aux grandes puissances, les réformes

(1) Patrie égyptienne.

« administratives les plus urgentes réclamées par la « nation égyptienne. — Savoir : 1° Unification de « toutes les dettes de l'Etat, soit conversion des dites « en un titre unique de rente, portant 3 % d'intérêt « avec amortissement par tirage annuel, dans un « délai à fixer... »

M. Waddington, interrompant.

Aucun pouvoir de ce genre ne nous a été conféré, et nous n'avons pas mission d'écouter de semblables propositions, pour le moins subversives de l'ordre de choses établi.

Ali Dagh.

Nous verrons cela plus tard. De quel ordre de choses s'agit-il ? Qui l'a créé ? Il nous semble, du moment que la Conférence a le droit de statuer sur l'emploi des recettes du Trésor égyptien, comme sur la quotité du coupon, que le moins qu'elle puisse faire c'est d'écouter, avec patience et bienveillance, les plaintes et les besoins légitimes du peuple qui paie si largement pour les injustices dont il souffre. Le Représentant de la France m'a opposé un ordre de choses établi ! Sait-il lui, ancien Ministre, que le peuple égyptien n'en a pas la moindre connaissance? Trouverait-il juste, par hypothèse, que les créanciers allemands, de la France, appuyés d'un « ordre de choses » établi par des commissaires étrangers, nommés à l'insu des contribuables, vinssent à Paris en réclamer péremptoirement l'exécution ? Je ne le pense pas.

M. Waddington.

Il m'est impossible d'engager la discussion sur ce terrain. Cela nous conduirait trop loin. La députation nilotique est entièrement hors de la question, et...

Le Ministre d'Italie, interrompant.

J'en demande pardon à mon honorable collègue. L'orateur s'est limité à répondre aux remarques très spéciales de Votre Excellence, dont le paragraphe principal exigeait une explication, que, pour ma part, je suis aise d'avoir entendue.

Le Plénipotentiaire d'Autriche.

Il n'en est pas moins vrai que l'argumentation du délégué nilotique tend à assimiler l'Égypte aux nations occidentales, gouvernées par un ordre d'idées politico-économiques, qu'on ne pourrait, sans danger, lui appliquer. Il serait à craindre qu'on en fit, sur les bords du Nil, un usage contraire aux lois sacrées de la civilisation.

Les Plénipotentiaires de Russie et d'Allemagne.

Nous sommes de cet avis.

Le Ministre d'Italie.

Je me range à une opinion tout opposée. Plus d'une fois, j'ai pu lire dans les journaux français subventionnés par la haute usure, battant la caisse pour le succès des emprunts d'Ismael, que l'Égypte était un faubourg de Marseille, une des grandes villes civilisées de l'Europe! Or, je le demande, à qui les syndicats français prêtaient-ils l'argent qu'ils versaient dans les coffres du rusé Khédive? Était-ce à des sauvages ou à des êtres civilisés? Les Égyptiens auraient dû peut-être répudier les dettes du Satrape, mises injustement à leur charge. En ne le faisant pas, ils se sont montrés plus honnêtes que certaines nations européennes, qu'il est inutile de nommer.

Lord Salisbury.

Sans me prononcer sur le mérite de la digression soulevée, mais en me plaçant au point de vue de l'Empire britannique, je n'approuverai jamais des idées, dont le moindre résultat serait de faire de la grande et intelligente nation musulmane, une famille de parias : *(mouvement)*. Nos plus vives sympathies lui sont acquises. Quant aux libertés comparativement nouvelles, auxquelles les honorables plénipotentiaires d'Autriche et d'Allemagne ont fait allusion, l'Égypte ne les attendra pas longtemps. Si Dieu nous prête vie, il ne dépendra pas de moi que le Gouvernement de la Reine n'en dote les bords du Nil.

Ali Dagh.

Tout en remerciant le Noble Lord, des paroles parfumées de justice et d'équité qu'il vient de prononcer, j'admets que l'Égypte n'est pas tout à fait prête à se gouverner conformément à quelques-unes de ces idées. Tels qu'ils sont définis et pratiqués en Europe, — les régimes qui en résultent, non pondérés par une opposition nationale très forte, — ne conduisent généralement qu'à un état chronique de désordre latent, que nous appelons *fièvre incurable de perfectibilité*. Les Etats meurent de cette maladie moderne. Mais tous les êtres humains, toute communauté politique, — sont mûrs pour le règne de la justice et de l'équité, les Fellahines aussi bien que les Français et les Anglais. (M. Barrère s'agite sur son siège, et essaye de détourner l'attention de l'assemblée, dont les membres gardent le plus profond silence). C'est là, Messieurs, le seul genre de liberté que demandent les Égyptiens.

Le Ministre d'Italie, avec une pointe d'allusion malicieuse.

Vous n'aspirez donc pas au célèbre motto : Liberté, égalité, fraternité!

Ali Dagh.

De ces biens, il ne nous manque que le premier, qui est le plus cher de tous : la liberté. Quant aux deux autres, — ils sont inscrits dans chaque cœur musulman. Nous n'en parlons jamais, mais nous les pratiquons sans cesse. — L'Égypte est connue par son hospitalité. Riche ou pauvre, le voyageur peut traverser en tous sens notre pays. Non-seulement, le meilleur accueil, la couchée et les aliments lui seront offerts, mais ils lui sont dûs, au nom du Dieu miséricordieux : *Bis millah el Rakim* : — voilà la fraternité vraie.— A l'égard de l'égalité entre les hommes, celle-ci ne saurait exister. Il en est de cela comme des doigts de la main : pas un n'est de la taille de son voisin; les uns sont forts, les autres sont faibles, mais tous s'entr'aident spontanément et naturellement, sans décret du gouvernement. C'est ce que nous appelons l'égalité.

M. Barrère.

Ce que vous nous dites-là n'est ni intéressant, ni neuf. Votre pays manque d'hôtels, et...

Ali Dagh, interrompant.

En effet.— Grâce à Dieu — parmi les musulmans le besoin ne s'en fait pas sentir. L'auberge et l'hôtel — sont des industries occidentales, — destructives de l'hospitalité et des bonnes mœurs. — Dans les villes d'Islam,— hommes et bêtes, qui les fréquentent, se contentent du caravansérail, et les échoppes du bazar suffisent à la frugalité mahométane.*(Sourires.)*

« J'ai donc eu l'honneur de vous dire, Messieurs « les Plénipotentiaires, que la liberté que nous ré- « clamons, paragraphe 2, comprend : l'inviolabilité « individuelle, celle de nos biens, comme celle de « nos personnes. »

Lord Salisbury.

Pardonnez-moi une observation. Tewfik est un prince ennemi de la violence, et, depuis l'occupation de l'Égypte par les troupes de S. M. B., nul n'a eu à se plaindre d'actes tyranniques de sa part.

Ali Dagh.

Votre Seigneurie, je le crains, est mal informée. Dieu sait combien de nos amis ont été empoisonnés ou supprimés à domicile ou dans les prisons... depuis Tel el Kébir. N'a-t-on pas fait donner une tasse de café au richissime eunuque Kalil Aga — le jour du départ de celui-ci pour la Mecque... Le confiant pèlerin mourut en route, et son immense fortune passa, en grande partie, dans les mains de la famille régnante. M. Blum, vous renseignera mieux que moi à cet égard, et Borelly Bey l'y aidera au besoin.

Hier encore — le fils de Ratib Pacha, ex-grand douanier de Méhémet-Ali, est mort dans des circonstances identiques. Son père lui-même ayant refusé à Ismael-Pacha un million de francs, — un de ces prêts qui ne se remboursent jamais — fut empoisonné.

Quant au fils, Tewfik lui demanda, il n'y a pas longtemps, la même faveur. Cette fois-ci le personnage était dans l'impossibilité de réunir 40,000 livres sterling. — Quelques semaines plus tard, avant de partir pour le pèlerinage aux saints lieux, il alla prendre congé du Vice-Roi, qui, toujours bon Prince, et sans rancune, daigna l'élever au grade de Pacha, après la tasse de café d'étiquette, en lui souhaitant un heureux voyage, dont il ne devait pas revenir. *(Mouvement, sourires et chuchotements.)*

Il continue de lire :

3° « Assemblée des notables librement élue, re-« nouvelée par tiers, chaque trois ans — avec les « prérogatives suivantes : *A*. Faire son règlement « statutaire ou organique. *B*. Discuter, amender, « refuser ou accepter le budget annuel de recettes et « de dépenses, présenté par le gouvernement. *C*. Faire « toute loi civile, fiscale, financière, etc., notamment « une dite, comminant des peines sévères contre la « malversation, le péculat, la prévarication, l'usure « et frappant les coupables d'inhabilité civique.

4° « Droit de pétition.

5° « Abolition des capitulations en ce qu'elles ren-« ferment d'injuste touchant le for politique des « étrangers, lesquels, au point de vue commercial, « industriel et fiscal, jouissent d'immunités et de pri-« vilèges refusés aux indigènes, — par conséquent « incompatibles avec l'équité.

6° « Réforme judiciaire complète — conformément à la cédule *A* — ci-annexée : L'Égypte a besoin de beaucoup de justice, et d'aussi peu d'hommes de loi que possible.

7° « Création d'une école de droit national, ayant « son siège à la Mosquée d'El Azar : — la justice et « la religion — dépendant l'une de l'autre.

8° « Si l'Égypte doit être pourvue d'un Vice-Roi, « ce dignitaire formera avec deux ministres respon-« sables — le pouvoir exécutif. »

Lord Salisbury.

Qu'entendez-vous par ces paroles : Si l'Égypte doit

être pourvue d'un Vice-Roi. N'en possède-t-elle pas un?

Ali Dagh.

Oui, celui-là même que le peuple égyptien, justement soulevé, avait déposé à l'unanimité, en raison de son incapacité manifeste — pour ne pas dire plus. — L'Angleterre et la France intervinrent, et nous imposèrent le Souverain dont l'Égypte ne voulait pas et ne veut plus. En vertu de quel droit ces puissances ont-elles agi ainsi?

M. Waddington et M. Barrère, avec chaleur.

Vous faites erreur.— L'Angleterre seule est intervenue par les armes...

Ali Dagh.

Cela est vrai. Mais la flotte française, qui avait accompagné l'escadre britannique, était ancrée avec elle dans le port d'Alexandrie, et cela dans un but commun, exposé, par convention diplomatique, dans la Note identique Gambetta-de Granville-Dilke. Or, si les boulets de la République ne se sont pas joints à ceux des vaisseaux de l'amiral Seymour, on ne le doit qu'à un incident parlementaire, fortuit, connu, historique, provoqué par la rivalité des partis qui divisent la France, et dans lequel la justice et l'humanité n'entraient pour rien. Sans l'action hostile du *Condominium,* l'Égypte jouirait à cette heure d'un Gouvernement de son choix, et pas une goutte de sang n'aurait été versée. — Le pays, Messieurs, ne sera pacifié et heureux que lorsque les membres de la famille d'Ismaël en auront été renvoyés, et les patriotes exilés, rappelés.

Ali Dagh continue la lecture de ce document :

9° « Révision de la loi sur la tenure des terres —

« devenue lettre morte, le bon plaisir des Maîtres
« ayant succédé aux anciens règlements. Le sol
« nilotique, bien avant l'époque des Rois pasteurs,
« appartenait aux fellahs, c'est-à-dire à ceux-là
« même dont les labeurs faisaient et font encore
« fructifier le limon du Nil. L'agriculteur autochthone
« est, et doit être l'associé naturel du tenant ou du
« propriétaire, quel qu'il soit. Plus d'*Omdehs* — ces
« barons tyrans — oppresseurs de l'agriculture et de
« leurs propres congénères. Chaque village — doit
« être divisé en quatre parts, administré par quatre
« Scheiks élus par les habitants de la localité. Répar-
« tition des profits nets — par moitié.

10° Réglement semblable à l'égard de toutes les propriétés acquises, — et vérification des droits revendiqués par les tenants de celles octroyées par le bon plaisir des Gouverneurs de l'Egypte, à leurs parents, ainsi qu'à leurs créatures.

11° Revision et réduction des dettes agricoles, contractées par les fellahs au profit de prêteurs, à taux usuraire. Le chiffre en est énorme, et grève une superficie agraire dont la valeur dépasse 28 millions de livres sterlings, contre des titres s'élevant peut-être à six millions. Et.....

M. Waddington.

Ce qui prouve que le fellah est prodigue et ne sait pas compter.... Vous le dites pauvre.... Qu'a-t-il fait de cet argent? Des trésors!

Ali Dagh.

Si Votre Excellence ne puisait pas sa science économique égyptienne à des rapports officiels qu'elle croit véridiques, et qui sont erronés, sinon manipulés à plaisir, elle saurait que les agriculteurs ne connurent les emprunts et les usuriers que depuis l'avènement d'Ismaël-Pacha — dont les exactions fiscales, presque quotidiennes, — contraignirent, peu à peu, le paysan à s'adresser aux prêteurs d'or. Le nombre et la rapacité de ceux-ci augmentèrent avec la tyrannie du Khédive. — En commanditant les établissements financiers, sur les bords du Nil, les capitalistes européens fournissaient leur contingent de numéraire peu philanthropique à des opérations qui ne l'étaient guère; ils contribuaient, en palpant d'énormes dividendes, à la ruine et à l'asservissement des populations nilotiques... J'insiste, Messieurs, sur ce vocable — asservissement, — qui, selon moi, n'est pas encore assez fort! En un mot, et il est urgent qu'on le sache, les dettes auxquelles je fais allusion, ont été contractées à l'origine, pour subvenir aux coupons d'intérêts de celles du Khédive Ismaël. Le total en est représenté, d'un côté, par la somme d'argent prêté comptant, comparativement minime; et de l'autre, par des titres ou obligations immorales, léonines, et des renouvellements trimestriels.

Le Ministre d'Italie.

Honte! — Trois fois honte!

Ali Dagh, *continuant sa lecture.*

12° Abolition de l'annuité payée par la nation égyptienne à l'ex-Khédive — qui n'a pas besoin de cette goutte du sang nilotique.

13° Création d'une banque nationale, au moyen de fonds indigènes, autorisée par décret parlementaire, et dont les capitaux (voir cédule B.) seront employés à debarrasser l'agriculture des parasites de la finance interlope.

14° Administration du pays — vraiment autochthone, n'employant que la langue arabe — dans ses rapports avec l'élément européen, soit en matière commerciale, soit en matière diplomatique. Les étrangers pourront être admis à y remplir des emplois — mais seulement après examen de capacité, et preuves authentiques de moralité.

15° Liberté de la presse — réglementée. Ce *désidératum* nous importe moins que les précédents. Néanmoins, il n'est pas admissible que des intrigues extérieures troublent la paix de l'Égypte par l'entremise de soi-disants journaux égyptiens, rédigés par la plume de résidents étrangers, écrivant chacun en faveur de sa propre nationalité, ou selon la subvention qu'il reçoit. D'ailleurs, lorsque le peuple ne paiera que le denier équitablement dû à César, et dès que celui-ci sera la communauté elle-même, les journalistes trouveront à la charrue, une occupation plus utile que celle de semer des vents — qui se résolvent en tempêtes, et dont le public souffre *(hilarité)*.

16° Rachat par annuité du Domaine dit emprunt de Rothschild,—opération illogique, fatale, recommandée par MM. Rivers, Wilson et Nubar, et dont les déficits annuels considérables, (pour le service des intérêts) causés par l'incapacité et la malversation, ont dû, aux termes de la Convention, être couverts par le Trésor égyptien. — Enfin, provisoirement, rétrocession, par baux de fermage, des susdits Domaines, aux fellahs qui les cultivaient.

Là, se bornent nos légitimes et honnêtes aspirations — fit *Ali Dagh* — en plaçant dans les mains de Lord Salisbury un exemplaire du document communiqué à la seconde Conférence de Londres. — *(Il s'assied)*.

Lord Salisbury

A titre de renseignement, je prie Messieurs les députés nationalistes de nous dire — si, en dehors des désirs formulés — ils ont l'intention de s'opposer à l'objet de la présente Conférence?

Le scheick Ibrahim effendi, se lève.

Mylord! Ce serait mal interpréter nos intentions que de nous supposer celle d'une ingérence quelconque dans les travaux de la Conférence. A la question que Votre Seigneurie nous a adressée, je répondrai ceci : Notre mission se borne à offrir à l'assemblée de simples observations, accompagnées, cela va de soi, d'informations complémentaires.

M. Waddington.

Je ne comprends pas, en vérité, le bien qui peut résulter de l'intervention, dans cette circonstance spéciale, d'individus sans mandat international, et non accrédités auprès de nous. Il est de mon devoir de m'opposer à toute communication ultérieure de leur part.

MM. les Ministres d'Italie et d'Allemagne, après un court entretien.

Nous voyons la chose différemment, et, sans nous engager à rien, — nous insistons pour que la députation s'explique librement. — *(Les autres représentants gardent le silence,)*

Lord Salisbury.

Scheik *Ibrahim effendi*, vous pouvez parler.

Scheik Ibrahim, continuant.

Mylord et Messieurs,

Je m'abstiendrai par conséquent d'entrer dans la question spécieuse et controversée de la réduction du coupon, et me bornerai à l'examiner au point de vue général de notre mandat. Avec qui les cabinets européens traitent-ils.... en Égypte? C'est la première demande que ma propre raison me fait vous adresser, — et à laquelle on me répondra, — sans doute, que les puissances traitent avec Towfik.

M. Waddington.

Le seul pouvoir légitime, il me semble!

Scheik Ibrahim.

A cette interruption d'un caractère plausible, je me permettrai de faire observer à S. E. le représentant de la France, que bien des pouvoirs légitimes, de ce genre, ont passé et passeront encore sur son pays. Ils s'y fondirent et s'y dissoudront comme neige de printemps au soleil, soit devant la sagesse tardive du peuple, soit devant les fureurs aveugles de celui-ci, *(mouvement d'attention)*.... Avec le Khédive, ai-je dit, qui n'est plus notre souverain parce qu'il n'a pas la confiance de la nation! Le monde entier sait aujourd'hui qu'Ismaël, son père, employa les seize longues années de son règne à corrompre et à ruiner l'Égypte....

Les plénipotentiaires d'Italie, d'Angleterre et d'Allemagne :

Écoutez...

.... pour la charger finalement de plus de cent millions de dettes, coûtant encore annuellement, malgré les réductions opérées, de cinq à six millions sterlings en intérêts, commissions, etc. Les financiers étrangers, la basse usure indigène, non musulmane, certains hommes d'État occidentaux, des Grands Visirs, des juges, des valets de chambre, des officieux éhontés, s'enrichirent de notre sang, qui allait s'affaiblissant chaque jour, tout pailleté d'or qu'il fût! Enfin, lorsque ce prince se vit contraint de quitter l'Égypte, outre les biens immeubles détournés de son actif sous de faux noms, des boisseaux de pierres précieuses et d'argent monnayé, il emporta pour des millions sterlings de son propre papier, d'*Unifiée*, — achetée au plus bas cours de la crise, et qui, dans ses mains, doublèrent de valeur et au-delà.

Tewfik — lui — n'a pas suivi la carrière criminelle de son père, parce qu'il n'avait ni les moyens d'action, ni l'esprit de celui-ci. Mais il a fait et a laissé faire tout le mal possible. Riaz et Chérif le gouvernèrent tour à tour, comme un enfant: Astuce cupide mais intelligente d'un côté, incapacité vaniteuse de l'autre.

M. Waddington.

Et le Contrôle anglo-français, M. de Blignières.... ne dominait-il pas la position?...

Ibrahim, — sans s'arrêter.

Quelquefois. Même au début, sur les conseils de cette institution, on décréta, sur le papier, l'abolition de taxes minuscules, mais vexatoires, qui, cependant, continuèrent d'être illégalement perçues partout où l'exaction était possible. Au fond, ce n'était qu'un trompe l'œil, des économies de bouts de chandelles, car à côté de ce semblant de sollicitude pour le peuple,... la Commission de liquidation approuvait et commettait des actes d'injustice criante. En un mot — le peuple égyptien — dont on ne s'occupait que pour la forme — passait après les créanciers que représentaient réellement les Riaz, les Wilson, les de Treskow, les Commissaires de la Dette, et le Contrôle lui-même, chacun dans sa sphère.

Je sais que mon honorable interrupteur est l'ami de M. de Blignières, dont il a chaudement défendu les actes. Mais lui eût-il été donné d'étudier sur place les besoins de l'Égypte, qu'il aurait, j'en suis certain, pensé différemment. L'honorabilité de l'homme reste intacte.

Je me résume pour rentrer dans la question.

1° A partir des évènements de 1882, le Khédive Towfik n'est plus et ne peut plus être le représentant du peuple egyptien.

2° La nation nilotique est, en réalité, la seule personne légale, apte à traiter, puisqu'elle est apte à payer. D'où il résulte, que c'est avec elle, et au Caire que la question qui vous est soumise devrait être discutée.

3° Subsidiairement, enfin, il découle de la logique des faits économiques relatifs à l'Égypte, ainsi que de chiffres comparatifs, — sur lesquels doit être basé le taux des emprunts de l'État — que l'intérêt moyen exigé du Trésor est beaucoup trop élevé.

(Les membres de la Conférence témoignent de leur surprise par des signes d'agitation, de nature diverse.)

Le représentant d'Autriche.

Voilà, pour le moins, des assertions nouvelles, sinon hasardées.... Qu'en dit Blum Pacha.... le spécialiste?

Blum Pacha, du ton de Moïse au désert.

Ce sont là d'oiseux calculs de statisticiens. On sait ce qu'ils valent.

Le Scheik Ibrahim.

M. Blum fait erreur. Les observations, que j'ai l'honneur de présenter, ressortent de principes financiers, immuables, qu'ont respectés les économistes pratiques les plus éminents : Necker, le baron Louis, etc... Si M. Blum les ignore, — je n'en serai pas trop étonné, car il appartient à une école qui en est dépourvue. Mieux que quiconque, néanmoins, au dedans et au dehors de cette enceinte, il sait combien nos réclamations sont justes. Je n'aurais pas de peine à le prouver aux hommes compétents qui m'écoutent.

Lord Salisbury.

J'invite le député à vouloir bien nous éclairer sur ce point.

Le Scheik Ibrahim.

Lequel, Mylord? La prétendue ignorance de M. Blum, — ou l'excessivité du taux de l'intérêt?

Lord Salisbury, souriant.

Précisément, — l'excessivité du taux de l'intérêt.

Le Scheik Ibrahim.

La base du taux d'une dette publique — doit être en relation directe — tant de la richesse et du nombre des habitants du pays qui en est chargé, que du budget annuel de celui-ci. Par exemple, prenant comme point de comparaison les trois contrées les plus riches de l'Europe : l'Angleterre, la France et la Hollande, on verra que l'intérêt respectif de leur Dette publique — toutes choses égales — mis en regard de la moyenne des taux *imposés* à l'Égypte, place celle-ci bien au-dessus de la proportion normale. C'est ainsi que la Hollande est satisfaite de 2 1/3 — avec une population européenne — la seule à considérer ici — de quatre millions, tandis que l'Égypte, appauvrie, n'ayant que sa production agricole pour toute ressource, — et qui, d'après ces chiffres, ne devrait payer que 3 $^1/_{16}$ %, est taxée de 5 $^3/_4$ %! — La différence est encore plus sensible — en France et en Angleterre, où, à ce compte, le taux devrait être de 7 $^1/_8$ pour celle-ci et de 6 $^1/_{16}$ % pour celle-là — plus élevée qu'en Égypte;— ce qui cependant est loin d'être le cas. Enfin, et pour compléter ma démonstration — prise sur la moyenne des budgets des trois nations précitées, je dirai que la somme absorbée par les intérêts des dettes respectives, est en France de 34 $^1/_8$ %, — en Hollande de 26 %, en Angleterre de 33 $^1/_4$ % et en Égypte de 52 % du total des dépenses. Ces chiffres parlent plus éloquemment que je ne saurais le faire moi-même.

M. Waddington.

Je ne puis, — pour ma part, m'inscrire en faux contre ces chiffres, que, du reste, les faits accomplis réduisent désormais à néant. L'Egypte ne saurait se plaindre, aujourd'hui, de ce qu'elle a laissé faire, de ce qu'elle a autorisé par son mutisme. Elle a prescrit, ipso facto, contre ce qu'elle veut bien appeler ses droits.— S'apprêterait-elle, par hasard, à être ingrate envers la France qui est toujours venue si libéralement à son secours?... Ignorerait-elle que la grande nation, que je représente ici, est son plus fort créancier; oublierait-elle enfin que les engagements dont nous demandons l'exécution sont sacrés — et doivent être respectés!

Le Scheik Ibrahim.

Je remercie l'honorable M. Waddington de m'avoir fourni l'occasion d'exposer catégoriquement une fois pour toutes — à cette Conférence — c'est-à-dire à la face de l'Europe entière, la pensée intime du pays nilotique à l'égard de sa Dette et des créanciers du khédive déchu. Un mot d'abord, touchant « le fait accompli » invoqué par mon éminent contradicteur. Je ne remonterai pas trop haut. L'époque de Méhémet-Ali sera mon point de départ. Eu égard à la tradition, le soldat rouméliote fut vraiment un homme de génie. Il voulut asseoir solidement sa famille sur le trône de l'Egypte, et rien ne lui coûta pour atteindre son but égoïste et dynastique. Ses caissiers, ses fournisseurs, ses valets et son bétail étaient les fellahs. Il ne remboursait rien et ne les payait pas. — Leur prenant tout, — tout, sauf le strict nécessaire pour vivre, il ne les força cependant jamais à emprunter pour subvenir au service d'une dette honteuse — souscrite au profit de l'usure, et qui devait faire tomber l'Egypte dans les mains de créanciers étrangers et avides. Cette œuvre détestable était réservée à son petit-fils Ismaël. — Eh bien, Messieurs, lorsqu'en 1878, déjà, les Egyptiens, las du laisser-faire que M. Waddington leur reproche, — tentèrent de s'opposer à une tyrannie séculaire, l'Europe, tremblant pour sa « livre de chair humaine », comme l'a si bien dit le grand poëte anglais, intervint par l'intimidation du fort contre le faible. — En 1882, la nation entière, poussée à bout, s'étant levée en masse aux appels patriotiques d'Arabi, la France républicaine, la première à parler d'intervention armée, entraîna la libérale Angleterre à étouffer dans le sang les aspirations des populations de l'Egypte !.. Je ne fais pas appel à la fiction, Messieurs, mon ouïe vibre encore aux cris des victimes. Une voix dans cette enceinte s'élèvera-t-elle pour contredire à ce que j'affirme ici? (*Silence religieux et mouvement d'intérêt.*)

Je n'ai pas l'habitude de parler en public et la phraséologie édulcorée des diplomates m'est étrangère... Il me sera permis de vous dire cependant, Messieurs, que nos cœurs saignent à cette heure... au souvenir des faits révoltants qui sont à la mémoire de tous, et que des siècles ne suffiront pas à faire oublier aux populations égyptiennes..... La France... notre amie!.. Elle le fut dans d'autres circonstances — je l'admets. Mais proclamer aujourd'hui qu'elle nous a aidés de son argent, c'est de l'ironie de la plus cruelle espèce, Messieurs, ainsi que je vais avoir l'honneur de vous le démontrer.

Le Ministre de France, interrompant.

N'est-ce pas en France, dans les portefeuilles des banquiers, que se trouvent les deux tiers à peu près des titres égyptiens, de toutes sortes! — Quelle preuve plus forte peut-on produire en faveur de mon assertion!

Le Scheik Ibrahim, avec ironie.

Aucune. J'admets la remarque, qui prouve simplement que le cœur des capitalistes et leurs portefeuilles ne font qu'un, au double point de vue matériel et psychologique.

Le Ministre d'Italie

Bravo! — heureuse définition.

Le Scheik Ibrahim

D'ailleurs, Messieurs, la France — prêteuse — n'a jamais avancé un para à l'Egypte proprement dite, c'est-à-dire à la nation égyptienne. — C'est aux tyrans que le sort nous a donnés pour nous gouverner, et plus particulièrement à Ismaël Pacha — que ses financiers, tombant sur le trésor égyptien comme des loups affamés, y échangèrent, les premiers avec les grecs et les juifs, des Bons à 20 et 30 % d'escompte... Les Anglais et les autres nationalités, ne vinrent que plus tard prendre part au festin.

Lord Salisbury.

Comment... d'escompte!

Le Scheik Ibrahim.

Votre Seigneurie va mieux comprendre : Saïd Pacha, par exemple, et plus tard Ismaël livraient, soit à M. de Lesseps, pour les besoins du Canal, — soit à des banquiers de toute nationalité, aux *Crédits* financiers de Paris, etc, — disons pour 500,000 L. sterlings de Bons sur le Trésor, de quotités diverses, sur lesquels l'Etat recevait : à 20 % — L. 400,000 sterlings — si les titres étaient payables à un an de date ; — L. 300,000 St. si, à 2 ans, — et L. 200,000 St. si à 3 ans. La même opération à 30 % lui rendait L. 350,000 St. à un an ; L. 200,000 St. à 2 ans, et L. 50,000 St. à 3 ans. Vous le voyez, Mylord, un abîme de prodigalité folle, sans but avouable ! De cette façon la Compagnie de l'Isthme de Suez réalisa des profits inouïs, en se faisant payer en Bons les prestations *forcées* de l'Egypte à son entreprise. Ces bénéfices, constituant autant de pertes sèches pour l'Egypte, ne sont pas compris dans les 385,000,000 francs de dépenses de toutes sortes, qu'ont coûtés à notre pays une œuvre, selon les devis originaux, encore inachevée, qui a détruit son commerce national d'entrepôt et de transit, et a appelé sur lui la servitude politique de l'Europe coalisée. *(Mouvement.)* Or, il n'est pas moins avéré, je pense — qu'en dehors de l'horrible corvée, dont usa et abusa M. de Lesseps, et qui tua, à la connaissance de ce personnage, en dix ans, plus de 25,000 fellahs — tant de fatigue que de maladie, la nation égyptienne n'a été pour rien dans la volonté et les intérêts qui créèrent le Canal... Elle en supporta les lourdes conséquences, et s'inclina devant la somme énorme dont la Dette publique en fut injustement grévée. — Eh bien Messieurs, s'est-on jamais arrêté à Paris à nos souffrances, et nous était-il loisible de lutter contre les inflexibles volontés napoléoniennes!...

Le Plénipotentiaire d'Autriche, interrompant.

Je demande la permission de présenter une observation. La dette égyptienne est colossale — j'en conviens, — disproportionnée à la population ; mais les travaux considérables, qu'a exécutés le Khédive Ismaël, ne sont-ils pas au profit du pays tout entier, qui en jouit, et en jouira encore davantage plus tard? — Il a fallu faire beaucoup en peu de temps. Avec un accroissement de prospérité, la population augmentera promptement, ce qui diminuera d'autant la charge de chacun.

Le Scheik Ibrahim.

Je ferai remarquer à mon tour que les observations prématurément présentées par les membres de la Conférence, sont autant d'obstacles semés sur mon chemin, qu'elles interceptent et bifurquent en nuisant aussi bien à la tâche qui m'est dévolue, qu'à la conclusion de mon discours. Permettez-moi, Messieurs, de revenir aux Bons du Trésor, dont les établissements financiers français, dans leur soif de lucre, s'étaient gorgés, qu'ils mirent à la mode en les répandant en Europe, sans négliger, bien entendu, les autres valeurs flottantes, créées comme à plaisir par Ismaël, et cédées aux concessionnaires à des conditions tout aussi onéreuses. Il y eût des Bons du Trésor à un an de date, dont l'escompte atteignit jusqu'à 40 %. Ceux créés à plus longue échéance devenaient moins recherchés, car les négociants orientaux, et les usuriers d'occident s'étaient tellement enrichis à ces transactions qu'ils se montraient difficiles, et craignaient pour l'avenir. Néanmoins, tous continuèrent de s'associer à des opérations aussi discrétables que faciles, et qui se terminèrent par le scandaleux emprunt de 1873 — de 32,000,000 St., contracté par la maison Oppenheim. Dois-je vous apprendre, Messieurs, que cette combinaison monstrueuse coûta onze millions sterlings à l'Egypte, et que sur les 20,740,077 St. réalisés, — 9,000,000 St. — entrèrent dans la Caisse publique sous la forme de Bons du Trésor, au taux fictif de 93 % — alors que les concessionnaires se les étaient procurés, par-dessous main, à des cours de 15 à 20 % plus bas, — en faisant courir le bruit que l'emprunt ne se conclurait pas, sinon très difficilement ! Où devait aboutir cette dernière orgie, désormais historique, à laquelle participèrent de faméliques prêteurs, appartenant à toutes les classes de la société, en France et en Angleterre, en Suisse, à Francfort, à Vienne, etc., alléchés par un intérêt de 7 %? — Se demandaient-ils seulement, ces bons amis de l'Egypte, si le malheureux pays, au nom duquel le tyran empruntait, et que celui-ci avait déjà bâté d'une dette de près de 3 milliards de francs, — pouvait remplir sa tâche sans pleurer des larmes de sang! Non,— leur cupidité les aveuglait et fermait leur cœur à l'humanité.. Mais ces expédients allaient bientôt ne plus suffire. Les embarras du Khédive devinrent si pressants qu'ils contraignirent le Prince à parlementer avec l'ennemi. —Hâro, Hâro, sur l'emprunteur défaillant, vociféra alors la meute des créanciers civilisés. Hâro! — Sus aux Musulmans retardataires! ! Et vous l'apprendrais-je, Messieurs, dans cette chasse horrible de la pieuse chrétienté au coupon « infidèle,» c'est la France qui se montra la plus inhumaine et la plus exigeante.... Les autres nations l'imitèrent ensuite, sans merci...

M. Waddington, *d'un ton vexé.*

Pourquoi prenez-vous la France plus spécialement à partie?

Le Scheik Ibrahim.

Votre Excellence m'ayant fait l'honneur de m'apprendre que la France s'était toujours montrée la meilleure des amies de l'Egypte, je me suis cru autorisé à répondre — les faits à la main — à une assertion certainement mal fondée. Je continue: La France voulait son or, déjà archi-couvert par les gains de l'usure, et c'est dans ces conjonctures, auxquelles l'élément anglais s'était également mêlé, que Lord Beaconsfield dépêcha en Egypte — pour y régler, équitablement disait-on alors, la question, un personnage, qui, par ses antécédents et sa position, ne pouvait être que Juge et Partie: — Le nommerai-je?

Les Plénipotentiaires d'Allemagne, Russie, Italie et Autriche.

Oui! Oui!

Le Scheik Ibrahim.

C'était M. Göschen — ex-associé de la maison Göschen et Frühling de Londres, a qui avait incombé la triste faveur de négocier les trois premiers emprunts égyptiens, à Londres, à des termes qui versèrent d'immenses bénéfices dans leurs coffres-forts.

Lord Salisbury.

Voudriez-vous, par hasard, mettre en doute la parfaite honorabilité de M. Göschen? Ces profits n'étaient-ils pas légitimes? — Et d'ailleurs lorsque le délégué britannique se rendit en Égypte — il n'appartenait plus à la maison de banque en question.

Le Scheik Ibrahim, avec un sourire ironique.

Ce que j'ai dit est exact, et n'a rien à voir avec l'honorabilité de ce personnage. Chez les financiers, et M. Göschen, avant toutes choses, en est un, ce vocable a une complaisante élasticité, qui les blanchit.

Le Ministre d'Italie.

Jusqu'à un certain point.... cependant. Cette séance, Messieurs, comptera parmi les plus instructives et les plus pittoresques de la Conférence.

Le Scheik Ibrahim.

Dans tous les cas, et j'insiste là-dessus, M. Göschen n'était certainement pas l'homme convenable.— Son impartialité se trouvait liée à son propre portefeuille, ainsi qu'aux intérêts de son Clan politico-financier. — C'est ainsi que marche le monde social en Occident.— De cette intervention pacifique, anglo-française, car M. Göschen était accompagné d'un collègue, M. Joubert — représentant les capitalistes français, — il résulta une légère diminution des prétentions formulées par la Haute-Finance parisienne, qui gouvernait déjà la République, dans la question nilotique. Mais, en réalité, — et l'histoire l'a constaté, — cette mission, pseudo-diplomatique, ne fut qu'une manœuvre de Bourse, habilement dissimulée, et qui plongea, plus profondément encore, dans leurs misères, les fellahs auxquels M. Göschen, moins que tout autre intéressé, ne songea jamais une seule minute.

Les Ministres d'Allemagne et d'Autriche.

Le député nilotique aurait-il la bonté d'appuyer de chiffres exacts son observation, relative aux emprunts égyptiens, négociés par Messieurs Göschen et Frühling.

M. Barrère.

Très bien. — Très bien.... Il n'est que juste que le côté anglais reluise au soleil de la vérité.

Le Scheik Ibrahim.

Rien de plus facile que de satisfaire l'assemblée sur ce point. Je commence :

1er emprunt. — Saïd Pacha en 1862 — Livres 3,292,800 sterlings, capital nominal 7 %, 1 % amortissement, soit 8 % de service annuel — somme fournie par le public, L. 2,764,000 sterlings, somme versée au Trésor du Caire, L. 2,500,000 sterlings;— différence ou perte L. 800,000 sterlings.

2me emprunt. — Ismaël Pacha, 1864, L. 5,704,200 sterlings, capital nominal 7 %, amortissement 3 87/100, soit 11 % service annuel — somme réalisée L. 4,864,063 St. — différence ou perte, L. 840,000 sterlings.

3me emprunt. — Ismaël Pacha, 1866, L. 3,000,000 sterlings, capital nominal, 7 % — *remboursé en six ans*, somme réalisée — L. 2,640,000 sterlings — différence ou perte, L. 360,000 sterlings.

Ce qui signifie que ces trois opérations — d'un total de L. 11,997,000 sterlings coûtèrent à l'Égypte L. 2,000,000 sterlings soit environ 16 3/4 % de leur ensemble pour commission, provision, frais de négociations etc. !! Chiffres éloquents, Messieurs, qui expliqueront aux amis de l'humanité, sinon aux membres d'une Conférence qui doit avoir quelque prétention à ce titre, l'empressement des prêteurs d'argent à s'associer d'une part, aux prodigalités d'un tyran trois fois maudit, et de l'autre à l'ostracisme des patriotes égyptiens. *(Expression de surprise générale.)*

Lord Salisbury.

Ces détails rétrospectifs, sortis des oubliettes où les grands hommes aiment parfois à enfouir leurs faiblesses, sont concluants. Pour ma part, j'en remercie la Mission nationaliste qui nous a fait connaître tant d'abus ignorés. Mais il est un point sur lequel je me permettrai de demander à l'orateur de vouloir bien s'expliquer mieux, Vous avez porté, tout à l'heure, il me semble, une accusation moralement grave contre les créanciers français... Pourriez-vous la justifier, aussi précisément que vous l'avez fait, à l'égard des emprunts contractés par Messieurs Gõschen et Frühling ?

Le Scheik Ibrahim, avec une vivacité malicieuse.

Tout aussi clairement Mylord. Que Votre Seigneurie veuille bien consulter ses souvenirs, et elle y retrouvera la lettre que lord Salisbury adressa le 7 Août 1878 — à M. Waddington, ministre des affaires étrangères à Paris, et dont voici le texte original. :

« The Queen's Government were earnestly dissua-
« ded, by some of the authorities best acquainted
« with the circumstances, from joining with the
« french Government, in requiring that the *Coupon*
« *of last May* shoult be paid, in full, but they pre-
« ferred to risk the evil consequences which were
« predicted, and appeared not improbable, rather
« than part company with France in this matter.[1] »

Ce document, qui ne fait connaître que la moitié de la vérité, tout en permettant de lire entre les lignes, — suffit, et au-delà, à prouver la légitimité de nos plaintes contre les créanciers français. Une pareille concession, quoique faite dans un but politique très louable — encouragea l'opposition systématique des usuriers, et pesa lourdement sur l'Egypte, très lourdement Messieurs. (*Mouvement divers et silence plein d'anxiété autour du tapis vert.*)

M. Waddington.

La pièce diplomatique citée — est officielle. — Je m'incline devant son contenu, qui, aux yeux de l'homme d'État qui l'écrivit, avait sa raison d'être.

Le Ministre d'Italie, interrompant.

Je demande pardon à Votre Excellence : — raison d'être — au point de vue anglo-français, — cela se

---

[1] Texte français : Quoique dissuadé par les meilleures autorités sur la matière, de joindre la France demandant le paiement en entier du coupon de Mai dernier, le Gouvernement de S. M. B. a préféré courir les risques des mauvais résultats prédits, et qui ne paraissaient pas improbables, plutôt que de se séparer d'elle dans cette circonstance.

peut — mais à celui des intérêts du peuple égyptien — il est fort loin d'en être ainsi.

M. Waddington.

La question n'est pas là, — il s'agit de *l'opportunité* du moment. — Je ferai remarquer à l'honorable député nilotique, qu'un Français, M. de Blignières, se trouva souvent en opposition, comme Contrôleur, avec l'élément qu'il accuse d'avoir manqué d'humanité.

Le Scheik Ibrahim.

En effet, et je l'ai déjà admis, ce mandataire se montra, en apparence, moins cruel — que ne le fut généralement l'institution fatale du *Condominium*, à laquelle il appartenait. Au fond, il ne différait de ses mandants de la Haute Finance que sur les moyens de strangulation lente, à nous appliquer. Son régime, beau, idéal, était la soumission séculaire, absolue ; — l'abstraction morale et intellectuelle du Fellah. Il en voulait faire un être pire que l'homme lige.... le serf.... Il visait enfin à l'esclave politique, passif, — aussi heureux que faire se pouvait, - je ne refuse pas de l'admettre — mais payant.... toujours et toujours.... Un Français — je le proclame, se montra juste, miséricordieux — le baron de Ring, Agent de la République Française au Caire, et qui fut rappelé parce qu'il avait compris le mouvement nationaliste et accueilli les réclamations de son chef Arabi.

Le Ministre de Russie.

N'est-ce pas aller trop loin, et sortir de la question que d'entrer dans un ordre de choses étranger à nos délibérations.

Le Ministre d'Italie.

Nullement, à mon avis.... L'honorable député nilotique a satisfait avec convenance et mesure aux remarques de LL. EE. M. Waddington et Lord Salisbury; et la Conférence doit, au contraire s'estimer heureuse, d'avoir eu le bénéfice de détails aussi inédits qu'instructifs.

Le Ministre d'Allemagne.

L'Europe cependant a témoigné de sa sollicitude pour les fellahs en détrônant Ismaël. — L'Autriche et l'Allemagne firent cause commune avec l'Angleterre et la France... L'Égypte devrait s'en montrer reconnaissante.

Le Scheik Ibrahim.

Pourquoi de la gratitude? Dans l'acception générale du mot, nous n'en devons point, car l'Égypte tomba alors de fièvre en chaud mal. — Une enquête avait été décrétée. Le pays la demandait, — personne n'osa la faire. Entre loups, on ne se mange pas. Nubar, Wilson, de Lesseps — traînèrent les choses en longueur. Chacun des membres du Comité institué à cet effet, et les amis de ceux-ci craignaient d'être accusés et convaincus de malversation. La commission de liquidation, et les évolutions, pour le moins étranges, de la Cour d'appel — présidée par M. La Pena, allaient nous achever, lorsqu'eut lieu le replatrage de la situation par l'avènement de Tewfik, — qui allait aboutir au bombardement d'Alexandrie.... Ici, Messieurs, les populations nilotiques, je le confesse, pourraient admettre qu'elles doivent de la gratitude.... d'une nature spéciale et amère.... aux auteurs de cet acte, car c'est de la catastrophe elle-même, que sortira l'émancipation des fellahs !

Le Ministre d'Autriche.

Émancipation des fellahs ! Le chemin le plus court conduisant à l'anarchie — générée par les libertés que vous désirez ! Ce serait de très mauvais exemple pour d'autres peuples.

Le Scheik Ibrahim.

Votre Excellence me prête des idées que je suis loin de nourrir. Émancipation, pour nous, signifie l'application de principes que le pays ne connait que de nom : Équité et justice, sous la garantie de la nation elle-même. — Pourquoi accorderait-on aux Bulgares des droits qui nous sont niés !! J'ai confiance dans les paroles prononcées par Lord Salisbury — au sujet des évènements politiques qui viennent de surgir sur le Danube : « Lorsque des races et des nationalités se soulèvent contre la tyrannie de leurs souverains, — on peut discuter leurs actes, — mais la vraie politique conservatrice anglaise s'oppose à ce qu'on intervienne par la force. »

Lord Salisbury.

Je n'ai pas à qualifier la fatale politique extérieure suivie par un autre ministère, ni à entrer dans une question étrangère au but de la Conférence; néanmoins je crois devoir maintenir, dans leur force et teneur, les principes que j'ai posés dans mon discours, prononcé à Newport.

(Les trois délégués nilotiques saluent et remercient Lord Salisbury.)

M. Waddington (d'un ton acerbe, après une consultation avec deux de ses collègues).

Je demande que la conversation, romanesque et à bâtons rompus, à travers laquelle les députés du peuple égyptien, extra-légalement admis dans cette enceinte, ont fait promener l'assemblée au cours de la présente séance, ne soit pas insérée au procès-verbal. (Surprise, et sourires ironiques.)

Le Ministre d'Italie.

La motion de mon honorable collègue de France est contraire aux usages diplomatiques, ainsi qu'à l'équité. Ce serait donner une entorse aux droits de l'histoire, qui a pour mission d'enregistrer les faits et les choses, pour en déduire les conséquences ressortant des uns et des autres. — Une fois, la députation nilotique admise au sein de la Conférence, n'importe à quel titre, le procès-verbal, après avoir pris acte du fait, doit rapporter fidèlement jusqu'aux mots en apparence les plus futiles de la séance. (Silence plus ou moins approbatif.)

Lord Salisbury.

Je ne vois guère d'unanimité dans l'accueil fait à la motion de l'honorable M. Waddington, aux fins de laquelle, en ce qui me concerne, je ne puis m'associer. L'usage établi suivra son cours. — Mais j'invite la délégation à conclure le plus vite possible.

Le Scheik Ibrahim.

Il n'a pas dépendu de moi, Mylord, que je n'aie poursuivi ma tâche, sans faire d'incursions sur un domaine étranger aux affaires dont la Conférence s'occupe spécialement. Ayant eu à répondre à certaines questions prématurées, et incidemment posées, je me suis vu contraint d'entrer dans des digressions historiques, que personne ne regrettera, je l'espère. Reprenant mon discours au point où je l'avais laissé, je le demande encore : Avec qui les cabinets européens traitent-ils, en Égypte, des objets soumis à la Conférence? Si le *Condominium* avait eu le moindre respect pour la volonté d'une nation honnête, c'est à la Chambre des Notables, les représentants directs des contribuables, que ses réclamations auraient dû être loyalement portées. Le Khédive, qu'est-il à nos yeux? Une poupée obéissante et sans volonté, dans des mains étrangères guidées par l'odieuse tradition. Avec lui et par lui, rien de stable. Avec nous : garantie et équité. — La nation égyptienne est donc la seule personne politico-juridique sur les bords du Nil. C'est d'elle que la députation qui vous parle tient son mandat; c'est elle enfin, qui, en dépit de tous les protocoles diplomatiques, pourra bien un jour, en revendiquant ses droits, annuler les décisions prises, sans sa participation et contre elle. La dernière ressource d'un peuple opprimé est le refus de l'impôt — Cette force légitime d'inertie — nous y recourrons au besoin. Quelles sont les baïonnettes étrangères qui viendront lever l'impôt?

M. Barrère.

Depuis Méhémet-Ali jusqu'à Tewfik, l'Europe a traité avec les souverains de l'Égypte : Les Vice-Rois qui ont emprunté doivent payer. A quoi bon ce discours, qui ne saurait diminuer la valeur des titres dont les créanciers sont porteurs.

Le Scheik Ibrahim (sans s'émouvoir).

Vous est-il jamais venu à l'esprit, Messieurs, qu'en combattant l'esclavage noir, vous condamniez, à la fois et avec raison, le côté néfaste de l'or, qui fait du nègre la propriété de l'acheteur. D'une part, le créancier, de l'autre la chose débitrice possédée. Vous ne voulez pas de ces contrats et vous faites bien. Dans les pays où l'esclavage était une institution d'État, les noirs ne pouvaient s'enfuir sans être punis, ni se libérer sans rachat. Les Américains du Nord ont extirpé le fléau, et n'ont indemnisé personne. Allez-vous donc appliquer à l'Egypte le régime que la grande République a brisé?

Le Plénipotentiaire de Russie.

Vous exagérez la situation, Monsieur le député. Les fellahs sont libres...

Le Scheik Ibrahim

Pardon, Excellence, ils ne le sont pas. Je demande la grâce de ne pas être interrompu. En dehors de quelques philanthropes sincères, l'Occident, qui a des paroles sonores, et l'Angleterre, dont la bourse est libéralement ouverte aux anti-esclavagistes, se sont-ils arrêtés un seul instant à la triste condition des indigènes égyptiens ?... Jamais. Pourquoi ? Est-ce parce que nos Khédives ne nous vendaient pas au bazar comme des esclaves du Soudan, une corde passée autour de notre cou? Sans doute. Cependant, ces Pachas, les protégés de la finance civilisatrice, d'accord avec celle-ci, lui ont hypothéqué nos biens et nos personnes. L'émigration volontaire, vers une contrée plus humaine, nous est refusée. Les fellahs, leur liberté et leur industrie sont des otages, donnés en gage, pour un peu d'or, à la philanthrope mais usurière Europe.

Le Ministre d'Autriche

L'Egypte... le grenier de Rome... et de l'ancien continent! C'est un Phénix sans cesse renaissant de ses propres cendres...

Le Scheik Ibrahim.

Oui, c'est bien cela. Les Européens se nourrissent d'aphorismes? Pourquoi ne cite-t-on pas celui de Von Moltke « la guerre et les bombardements civilisent les nations »? Mensonge, en ce qui nous concerne, au moins. « La force prime le droit » en est un que M. de Bismark ne s'est pas privé de mettre en action. — Douloureuse vérité dont on a largement usé vis-à-vis des vaincus et des faibles. Le pays nilotique en est l'exemple vivant. Qu'a-t-on fait pour nous? Rien. Nous n'avons donc pas pu ameuter l'Europe contre nous, ni par notre ingratitude, ni par nos agressions. — Ah! Messieurs, si l'on eût répandu sur la Vallée du Nil la dixième partie des faveurs dont les Grecs ont été l'objet de la part de la chrétienté, ses habitants le lui eussent rendus au centuple. Et l'Egypte musulmane marcherait, bien à la tête d'une nation, dont les ressortissants, veritable lèpre de notre patrie, nous haïssent, en participant à notre ruine!

Les Grecs, qui dédaignent les nobles travaux de l'agriculture sont partout ailleurs qu'en Grèce, où ils ne retournent que riches de dépouilles interlopes. L'Égypte en fourmille. Le Plénipotentiaire d'Autriche a dit : l'Egypte... le grenier de Rome! Du monde connu, alors, bien entendu... Cela est rigoureusement vrai. Et voici pourquoi. Un Pharaon déclara une fois que le fellah et le Nil fertilisateur, étaient tout un. J'ajouterai, Messieurs, que la terre d'Égypte bénie et le fleuve, ne seraient rien sans le fellah qui en est le fructificateur, avec le limon nilotique, auquel se mêlent les sueurs d'un labeur incessant... Or, je vous le demande, messieurs, de quel droit les puissances coalisées contre le vaillant et inoffensif fellah persistent-elles à lui imposer un maitre méprisé et méprisable. Pourquoi les décrets de l'Europe rivent-ils à nos mains les chaînes du galérien, dont Ismaël nous avait entravé les pieds?

Nous allions les briser, ces fers, lorsque M. Gladstone, l'orateur libéral modèle, pratiqua réellement, sur des milliers d'innocents Egyptiens, des atrocités bien autrement cruelles que celles inventées par sa fertile imagination, et mises à la charge des musulmans turcs, en faveur des Bulgares, ses amis d'alors. Notre âme se révolte à ces souvenirs. (*Mouvement dans l'assemblée.*)

Lord Salisbury.

Ne vous laissez pas emporter par votre patriotisme. La Conférence vous entend à titre discrétionnaire. N'oubliez pas qu'elle est inhabile à redresser les griefs dont vous vous plaignez.

Le Scheik Ibrahim

Mylord, croyez-le bien, je ne me laisse point emporter par cet amour que tout homme de bien nourrit pour sa patrie. J'accepte votre observation fraternelle, dont je n'avais nul besoin pour me rappeler que c'est grâce à la bienveillance de l'assemblée, que la députation nilotique a obtenu l'honneur d'exposer ses vœux et ses plaintes, devant la seconde Conférence de Londres. La moitié de son but est atteint. Plus tard, elle complétera son œuvre en adressant un manifeste justificatif aux puissances.

Les Ministres de France et d'Allemagne

Qui ne décideront rien sans une Conférence...

Le Ministre de Russie

Si j'ai un Conseil à donner à l'Egypte, c'est de se se taire... pour le moment. Les cabinets européens viennent de garantir les intérêts d'un emprunt, qui remettra les finances en équilibre, et lui permettra d'attendre de meilleurs jours.

Le Scheik Ibrahim

Il ne m'est pas possible d'engager la bonne volonté et la longanimité des populations du Nil au nom de la garantie donnée par les puissances, et que V. E. vise dans le conseil qu'elle veut bien nous offrir. — L'iniquité (M. Barrère s'agite sur son siège) oui, Messieurs, l'iniquité du motif qui a nécessité l'emprunt, est allée droit au cœur des Egyptiens, condamnés, sans façon, à payer les boucheries et les suites inévitables de l'imprévoyance du Premier ministre de la Reine. ..... Est-il juste, est-il humain d'extraire du sang de la nation de prétendues indemnités, réclamées par ceux-là même qui ont provoqué la catastrophe, et les désordres qui en sont résultés, afin d'en tirer profit plus tard !

Le Ministre de Russie

L'Égypte était tombée au pouvoir d'une faction de rebelles, de révoltés.

Ali Dagh, debout, vivement et avec émotion.

Je n'ai pas la parole, mais je la prends pour répondre au Plénipotentiaire moscovite.— De rebelles! Messieurs, il n'y avait sur les bords du Nil que le Vice-Roi et les mandataires du Protectorat anglo-français, fomentant le mécontentement par leurs manœuvres! La révolution est un droit indiscutable, partout où la tyrannie d'un seul ou d'une oligarchie quelconque, foule aux pieds les prérogatives du peuple. L'Égypte s'est levée, comme un seul homme, contre un prince qui n'est ni de son choix ni de sa race; contre des fléaux et des exactions révoltantes; contre des Pachas, des Gouverneurs et des Ministres nommés par le Khédive. Ne prétendez pas, Messieurs, qu'on ignore cela en Europe... Une voix secrète me dit que dans les replis cachés de vos âmes vous nous donnez raison! (Mouvement.)

Lord Salisbury.

Quelle est-donc la nationalité de ces Pachas, et pourquoi les contribuables les tolèrent-ils?

Ali Dagh.

Ils sont Turco-Circassiens et appartiennent aux familles venues en Égypte avec Méhémet-Ali. Avons-nous seulement le droit de pétition pour introduire nos plaintes? et d'ailleurs, qui les écouterait dans un pays sans constitution, et privé d'une représentation nationale? Dans le cerveau de tout homme se trouve l'étoffe d'un Pacha tyran, et m'est avis qu'à Paris, à Londres, en Suisse, aux États-Unis même, sans les Chartes constitutionnelles et le Parlement, les plus hauts fonctionnaires ne tarderaient pas à le devenir.

Lord Salisbury.

Un remède efficace se prépare à Constantinople, et bientôt Sir Henry Wolff se rendra au Caire accompagné d'un délégué de la Porte pour y étudier avec lui l'importante question des réformes.

Ali Dagh.

Je ne me serais pas permis de faire dans cette enceinte la moindre allusion à la mission trop tardive de Sir Wolff. Mais puisque Votre Seigneurie en a parlé, je profite de l'occasion pour l'informer des vues du peuple égyptien à cet égard. S. H. le Sultan est l'ennemi né des libertés égyptiennes. Il est notre suzerain, mais non notre maître absolu, ce que semblerait expliquer la présence à Constantinople de l'Envoyé britannique. La Porte nous a abandonnés quand il était de son devoir d'intervenir fraternellement, en notre faveur, et lorsqu'elle s'est mêlée de nos affaires, elle ne l'a fait qu'à contre-temps, et pour nous accabler davantage. La Porte, enfin, n'a jamais eu souci de notre bien-être. Elle ne sait rien, et ne veut, en réalité, rien savoir de nos griefs auxquels ses oreilles restèrent fermées par les gigantesques bacchis de nos Khédives. En Turquie, il n'y a ni Constitution, ni Parlement, ni justice; et ceux à qui Sir Wolff en demandera pour nous, s'empresseront de refuser, à moins que l'Egypte ruinée, ne les achète à prix de millions.

Le Ministre d'Italie.

Qui sait! Dieu fera encore des miracles, et permettra que le *fiat lux* désiré ait lieu, d'une manière inattendue. Le cas de la princesse Zénab, sœur de la Vice-Reine, dépouillée de sa fortune par Tewfik et ses adhérents, a été confié, dit-on, aux investigations de Sir H. Wolff. Après cette abomination, d'autres, du même genre, viendront à la lumière.— Comment les membres des tribunaux locaux pourraient-ils prononcer selon leur conscience, quand leur nomination, leur fortune et leur vie dépendent de la cupidité et du caprice de nos maîtres. J'espère que le Noble Lord, Président de la Conférence, placera sous les yeux de Sir H. Wolff les vœux manifestés par les représentants de la nation égyptienne.

Ali Dagh au Ministre d'Italie.

Que le Dieu miséricordieux qui vous a dicté ces belles et courageuses paroles, Monsieur le Plénipotentiaire, fasse qu'elles soient entendues de tous. — Amin.

Le Scheik Ibrahim se lève, après cet incident.

Reprenant , Messieurs, la question du récent emprunt, garanti par les Puissances, nous le considérons comme un nouveau poids, arbitrairement ajouté au fardeau, déjà très lourd, que supporte le pays, et qui, loin d'équilibrer les finances de l'Égypte, ouvrira plus tard la porte à de nouvelles opérations de ce genre. — En outre, le motif en est injuste, car, si des indemnités étaient dues, et plus de la moitié de celles allouées ne méritaient pas d'être accueillies ; c'est aux Puissances, qui ont fait et laissé faire le mal, qu'il incombait de les payer. O patrie bien-aimée ! Qui s'occupera de toi, de tes enfants, de ces laborieux fellahs identifiés à ton sol, quand Arabi, notre père, notre frère, est ruiné et exilé avec ses compagnons, pour avoir imité, dans son culte de la terre natale, les grands patriotes du monde entier! — Le brave Garibaldi... Paoli... Washington eux-mêmes, révèrent-ils, accomplirent-ils autre chose que ce qu'Arabi avait décidé de faire, lorsque l'intervention étrangère l'accabla! (*Mouvement.*)

M. le Ministre d'Autriche.

Vous perdez de vue, M. le député, qu'Ahmed Arabi a été déclaré « rebelle » par le Sultan.

Le Scheik Ibrahim.

Très-bien. Mais V. E. qui appartient à un corps dont la moindre des qualités est l'Omniscience, *(chuchotements et rires)* — Grâce de métier — sans doute! — V. E. dis-je, aurait-elle perdu de vue que sa Hautesse Abd-ul-Hamid — ne fit cette fatale déclaration, — qu'à la requête, plus qu'itérative, de Lord Dufférin — lui-même pressé par le gouvernement de S. M. B. —, agissant au nom du *Condominium!* Et pourquoi, Messieurs, une telle insistance? me demandera-t-on peut être. (Les ministres d'Italie et de Russie: écoutez!) Parce qu'il fallait absolument à Lord Granville un bouc émissaire pour payer les fautes du Ministère libéral.... Il n'avait pas échappé à la prudente perspicacité de M. Gladstone, qui devait plus tard abandonner lâchement le brave Gordon, que, sans « rebelle » comme *corpus delicti*, l'onus des indemnités retomberait logiquement sur le Trésor des Puissances protectrices de l'Egypte, — *(l'orateur sourit amèrement)* qui étaient et sont les auteurs des évènements. Aussi, lorsque cédant, comme malgré lui, aux nobles sollicitations du généreux gentilhomme anglais M. Wilfrid Scaven Blunt, désireux de faire défendre judiciairement, à ses propres frais, —

Arabi et ses collègues voués au poison et à la vengeance du Khédive, non-seulement M. Gladstone, prescrivit à Lord Dufferin d'avoir à arracher du Sultan la qualification calomnieuse sinon incorrecte de « rebelle, » mais encore il lui enjoignit, — durant la mission temporaire de cet Ambassadeur au Caire, d'amener adroitement les patriotes, — aux fins, disait-il, de leur éviter la peine capitale, la dégradation militaire et l'exil formel, — à plaider « Guilty » de rebellion.

Le Ministre d'Italie

Ce qu'ils firent....

Le Scheik Ibrahim.

Mais en ajoutant foi aux paroles de Lord Dufferin par l'entremise de M. Broadley — l'un des avocats engagés par M. Blunt, — comme s'il n'eût pas été au pouvoir du Gouvernement britannique, dans les mains de qui Arabi avait déposé son épée, d'empêcher l'odieuse farce jouée à la Cour Martiale. — Donc, je le répète — pour la dernière fois, Messieurs — où sont les *rebelles*, et à qui incombait le paiement des indemnités ? Encore un mot, Messieurs, au sujet de l'acte financier lui-même. Cet emprunt garanti par les grandes Puissances, aurait dû, — non seulement, être enlevé — en Angleterre — au pair, mais y commander une prime. — Au lieu de cela M. Gladstone le divise en trois lots... en trois os charnus — dirais-je, qu'il jette aux nationalités... fortes — et amies : aux Bourses de Berlin, de Paris et de Londres. — Pouvait-on oublier les syndicats qui gouvernent le monde ? — Non ! — Et la vivisection philanthropique du fellah, *in animâ vili*, — laissa dans les mains du Plutus international, cinq cent-soixante-dix mille L. sterlings, —ainsi dérobées aux contribuables nilotiques! N'est-ce pas là — Messieurs — un crime de lèse-humanité? *(Silence et malaise.)*

Le Ministre d'Italie, à voix basse et avec indignation.

Vergognoso, in verità!

Le Scheik Ibrahim.

Je vais conclure, Messieurs.

Le Scheik Hassan el Mârouf se lève et dit en langue arabe:

Puisqu'il s'agit des indemnités, payées de l'argent du peuple, non consulté, il est de mon devoir de soumettre à la Conférence quelques détails authentiques, et sans doute restés inédits, concernant la manière dont cette opération, si douloureuse pour nous tous, a été conduite. (L'interprète officiel ayant traduit.)

M. Barrère.

Pourquoi la Conférence se prêterait-elle à l'audition de *racontars* et de *potins* administratifs qui ne la regardent point? Que pourra-t-elle tirer de *cancans* dénués d'intérêt et de vérité?

Le Ministre d'Italie, d'un ton caustique.

Ces *racontars,* ces *potins* et ces *cancans* administratifs sont, comme la fumée, qui ne se produit jamais sans feu. Nous désirons les connaître... Ne sont-ils pas le complément de la remarque présentée par le Plénipotentiaire de Russie, au sujet du dernier emprunt?

Lord Salisbury.

Le Scheik Hassan el Mârouf a la parole; je le prie d'être aussi bref que faire se pourra.

Le Scheik Hassan el Mârouf (après avoir entendu la traduction des remarques de M. Barrère et du Ministre d'Italie, ainsi que l'invitation de lord Salisbury laisse errer sur ses lèvres un sourire empreint de malice).

L'assemblée n'a pas à redouter les *haddoutes*[1] qu'on veut bien m'attribuer. Nous avons en main des documents enlevés en 1882 aux archives secrètes de certains ministères, au Caire, et dont la publication étonnera le public, et fera tomber plus d'un masque international... Le temps n'est pas éloigné où il nous sera permis de les mettre au jour. Ce que je vais lire, je l'ai vu; ma déclaration mettra à néant les doutes des plus sceptiques. Le rapport est signé de mon cachet. — Le voici. Après lecture, j'en laisserai une copie authentique dans les mains du Président de la Conférence. (Mouvement approbatif). Il lit :

On sait que, par décret khédivial, une Commission internationale fut instituée, aux fins de vérifier les réclamations des ayants-droit à l'indemnité. Les décisions en étaient inappelables. — Le 8 Mai 1883 fut fixé comme délai à la présentation des titres, passé lequel toute demande devait être rejetée.

Affirmer que l'équité a servi de base aux décisions de la Commission internationale, serait accorder à celle-ci des louanges qu'elle ne mérite pas, en général. Elle s'est montrée souverainement injuste à l'égard de tout individu suspecté de libéralisme, et elle a repoussé, sans les examiner, au seul appel de leurs noms, les demandes de personnes honorables, mais bien connues par leur liaison intime avec Arabi et les membres du Gouvernement national. Ceci n'est pas tout: ce qui suit est pire.

---

[1] Vocable signifiant à peu près, et moins vulgairement les expressions visées.

Loin de respecter le délai comminatoire du 8 Mai 1883, la Commission admit, reçut ou refusa, après date, un nombre considérable de réclamations dont le chiffre total est énorme. Comment se pratiquaient ces fraudes? C'est ce que nous allons dire.

Il existait, avec certains membres de la Commission, des arrangements de deux sortes; les premiers, A, concernaient les titres inscrits avant le 8 Mai, les seconds, B, représentaient ceux introduits après l'expiration du délai.

Notons d'abord qu'une compagnie d'opérateurs s'était formée, du haut au bas de l'échelle administrative et sociale; sorte d'aréopage clandestin, composé d'un indigène non musulman, employé du Gouvernement égyptien, dont le nom m'échappe; de Mr. Zachikian, Arménien que S. E. Yacoub Artin Bey, également Arménien, vice-président de la commission, s'était adjoint en qualité de secrétaire; des chefs du Contentieux du Caire et d'Alexandrie, avocat fiscal, etc.; de deux des principaux membres d'une ancienne Étude légale; de capitalistes qualifiés, d'un certain Garofalo, grec Lemniote et boiteux, riche marchand de tabac, contrebandier et usurier, ainsi que d'autres personnes, de moindre importance, remplissant l'office de rabatteurs de gibier.

Le but de cette association était l'exploitation indirecte, tacite, mais en grand: 1° de la misère publique; 2° de la mine d'or internationale, intitulée: *Indemnités à accorder aux victimes des évènements des 11 Juin et 12 Juillet 1882.*

Passons maintenant au *modus operandi.* Voici ce qui avait lieu: Catégorie A, que j'appellerai légale. L'un des quêteurs allait trouver tel pétitionnaire, et lui disait : Votre demande, plus ou moins douteuse, est dans les mains de MM. Borelly Bey et Padoa Bey, du Contentieux, qui font la pluie et le beau temps. Payez tant, comptant, et dormez sur vos deux oreilles. L'affaire se combinait sur-le-champ ; si l'argent manquait, le client en empruntait du banquier ou de l'usurier voisin, qui devenait complice. Le titre restait en gage et l'opération était bouclée.

Catégorie B, ou criminelle. Les agents subalternes se procuraient des compères, avec lesquels ils supposaient des pertes, fabriquaient des dossiers, et, munis de leurs documents, se rendaient chez l'employé indigène, vérificateur des réclamations. Celui-ci, qui s'était entendu avec le prévoyant secrétaire, avait eu la précaution (en vue des éventualités à faire naitre) de laisser un grand nombre de *blancs*, dans l'enregistrement, par numéro, des demandes présentées avant la date fatale. — On intercalait, alors, le titre tardif, au rôle des affaires régulières, et le tour était joué, à des conditions qui laissaient, dans les mains des exploiteurs, le plus gros du produit de ces vols. — On affirme que les sommes, accordées à cette classe de réclamants, s'élèvent à plusieurs millions de francs. Enfin, l'audace de ces spéculateurs alla si loin, qu'il existe encore, à l'heure qu'il est, à la Chancellerie du Consulat hellénique, à Alexandrie, des titres manipulés, déposés pour légalisation, et qui n'ont pas été réclamés. Sur la plainte d'une véritable victime des évènements de Juillet, mais évincée par haine politique, et qui s'était aperçue des malversations exposées plus haut, le Gouvernement a nommé une sous-Commission, siégeant au Caire, formée du prince Mourousi, délégué russe, et du baron Richtoffen, délégué allemand, aux fins d'examiner quelques dossiers, non encore réglés, de la catégorie B. — Cette mesure, bonne en soi, ne fera pas rentrer au Trésor l'argent qui en est sorti frauduleusement; et, ce qui est le plus à regretter encore, elle n'atteindra pas le groupe de malfaiteurs, dont les profits illicites resteront dans leurs poches.

Lord Salisbury, s'adressant à l'interprète.

Veuillez traduire à l'orateur ce que je vais lui dire maintenant :

Il ne m'appartient pas d'accepter ou de mettre en doute les faits — éminemment délictueux, exposés par l'honorable député nilotique, faits qui relèvent d'un ordre de choses étranger à l'objet, aussi bien qu'au but de la seconde Conférence de Londres. Les journaux, sans entrer dans des détails aussi minutieux, ont publié sur le même sujet, des renseignements que le rapport que nous venons d'entendre corroborent suffisamment. On peut donc en inférer, sans se tromper — que le chaos de la prévarication fleurit encore dans certaine sphère administrative comme aux beaux temps d'Ismaël, sur les bords du Nil. Cependant, l'Angleterre a donné au Gouvernement du Khédive, un « financial adviser, » dans la personne de M. E. Vincent, gentilhomme intelligent et probe, dont la mission est de mettre un terme aux scandales qui ont rendu l'Égypte si tristement célèbre, depuis le règne de Saïd Pacha.

(Après la traduction de ce qui précède.)

Le Scheik Hassan el Mârouf.

Votre Seigneurie est dans le vrai. — Non-seulement je considère M. E. Vincent comme étant le fonctionnaire loyal et capable — par excellence, mais je sais qu'il a déjà su empêcher la réalisation de maintes combinaisons équivoques. Malgré cela, au four et au moulin — le boulanger ne peut pas être en même temps — et c'est probablement en vertu de cet axiome — que le précité Conseiller-financier du Khédive, a laissé se régler *à l'amiable* des réclamations fictives ou véreuses,— qu'il aurait dû renvoyer par devant les tribunaux de la Réforme, institués à l'origine, pour parer à ce genre d'escroquerie judiciaire. Le Trésor égyptien a sacrifié, cette dernière année, de ce chef seul, plusieurs millions de francs.

Le Ministre d'Italie, par l'interprète.

Nous serait-il possible d'être renseignés sur les transactions visées par l'honorable député ?

Le Scheik Hasan el Mârouf.

C'est ce que j'allais faire. *(Il sort de sa ceinture un manuscrit, qu'il parcourt à la hâte.)* Voici :

1° Affaire Mordoch ou Mardochée Shion. — Cet individu réclamait depuis longtemps une somme de deux millions et demi de francs, de l'Administration des voies ferrées. Sa cause, pendante devant les Cours de la Réforme, se promenait de renvoi en renvoi, lorsqu'au moment où une sentence peu favorable au demandeur allait être rendue, intervint un compromis allouant à Mordoch Shion la somme de fr. 2,225,000 — dont fr. 350,000 restèrent dans ses mains, la différence s'étant accrochée aux buissons épineux du Contentieux et de l'Administration.... *(Sourires).*

2° Affaire Péridon — banquier parisien.— Il s'agit ici d'une opération financière, d'un gros emprunt usuraire, proposé à Ismaël, en 1877 si je ne me trompe, à de telles conditions que Sadik Ismaël, le Muffetish, qui ne péchait pas par un excès de délicatesse, en fut littéralement choqué. Mais à ce moment de dégringolade, on acceptait tout. M. Péridon, réprésentant d'un syndicat, devait recevoir un pauvre petit million de francs pour ses peines ! — Le projet n'aboutit pas — et l'entremetteur, auquel on ne devait rien, réclama son courtage. Son avocat, madré compère, convaincu de l'inutilité d'un recours aux tribunaux de la Réforme, négocia avec la « Main noire » gouvernementale et transigea — pour fr. 775,000 — dont il ne paya que fr. 300,000 — à son client, à teneur d'un arrangement passé avec lui. Quant au reste, le crible du *bacshis* l'emporta, assure le légiste. *(Hilarité générale.)*

3° Affaire Cattaoni Bey — un baron récent, de noblesse financière nilotique. Ce quidam poursuivait devant les Cours de la Réforme une prétendue créance d'un chiffre élevé. Débouté de ses prétentions, — il n'en arriva pas moins à un compromis avec le gouvernement, qui lui compta fr. 875,000 !

4° Affaire de l'usurier lévantin Constantin Kahil, citoyen de Damiette et du Caire. — Cause fictive et vexatoire, issue d'un terrain à bâtir donné *gratuitement* au demandeur par le Khédive Ismaël ! Indemnité payée — par arrangement administratif fr. 500,000 !

Est-ce ainsi, Messieurs, que la surveillance, — soi-disant internationale, doit s'exercer ? Est-il permis de faire de pareilles largesses, avec l'argent prélevé tyranniquement sur les sueurs du peuple, tenu en esclavage politique ? — Ici de monstrueuses faveurs consulaires accordées à des « créatures », à des journalistes rayas, protégés européens, — réclamant des dommages imaginaires ou qu'ils n'avaient souffert qu'à un degré minime. — Là, des indemnités prodiguées à des négociants spéculateurs, sur la foi de documents préparés, sous forme d'inventaires, bien avant le bombardement d'Alexandrie.... Je sais que le présent rapport arrive trop tard. -- Aussi ne formule-t-il aucune réclamation. Nous l'adressons à la Conférence, — pour la gouverne de l'Assemblée, et comme un monument de la sollicitude progressiste, civilisatrice, des protecteurs internationaux de la laborieuse Égypte, digne d'être couché dans son protocole.

(L'interprète officiel, qui a eu le temps d'étudier le texte arabe, en traduit la teneur en français. — *Surprise et stupéfaction.*)

Le Ministre d'Allemagne.

Je demande que la traduction du document, qui vient d'être communiqué à la Conférence,— soit distribué à chacun de ses membres.

Le Ministre d'Italie.

Appuyé avec reconnaissance.

Lord Salisbury, gracieusement, donne des instructions dans ce sens au drogman attaché à la Conférence.

Scheik Ibrahim — vous avez la parole, pour conclure.

Le Scheik Ibrahim.

La députation nilotique a touché en passant, sans s'y arrêter trop, à tous les griefs qu'elle était chargée d'exprimer. Il suffisait de les énoncer, pour que leur importance frappât les esprits éminents, devant lesquels nous avons eu la chance exceptionnelle de les porter.

Avant de nous retirer, Messieurs, je puis vous exposer, en confidence, — une dure vérité de plus à l'adresse de l'Europe — et qui ne nous fera pas estimer moins de ceux qui nous ont entendus. Le pire de notre position, et ce qui la rend des plus difficiles — c'est l'extrême diffusion des créances contre l'Égypte, dans les mains du public. — L'intérêt dessèche le cœur humain et le rend sourd à la justice. Comment pouvons-nous espérer celle-ci, lorsque tout l'Occident spécule à la Bourse, joue, vend et achète des fonds publics nilotiques!!! Dans les Conseils des Rois, — au sein des Parlements, sur les Bancs des juges; la bourgeoisie, les agents financiers des Princes de la philanthropie, chargés de faire fructifier la fortune de ceux-ci; les capitalistes petits et grands, jusqu'aux derniers rentiers minuscules, relativement pauvres, — chacun possède quelque fraction des emprunts égyptiens... Dans cette enceinte même, Messieurs — je sais, j'aperçois des spéculateurs, personnellement incapables de frapper un baudet récalcitrant, et qui préféreraient voir courbacher, jusqu'au sang, les fellahs, l'un après l'autre, plutôt que de perdre un para du coupon! M. Nubar, tout le premier... représenté ici par un ou plusieurs de ses parents! Chaque phase douloureuse de la longue agonie nilotique, — lui a été un gain de Bourse.

Tigrane Pacha, faiblement.

Je proteste contre ces personnalités.

Le Scheik Ibrahim, sans se laisser intimider.

A qui donc demander le redressement de nos misères... lorsqu'un fonctionnaire de la valeur de M. Rivers Wilson, arrivé relativement pauvre en Égypte pour y guérir les populations, en est reparti riche comme un Nabab, par le seul effet du régime délétère qu'il y a établi, en laissant le paysan plus accablé que jamais. Là est le dilemme.

Le Ministre de Russie, ironiquement.

La philosophie orientale a une bien mince idée du cœur humain! Cependant la philanthropie — branche de la première, est tout occidentale...

Le Scheik Ibrahim.

A ce point, Excellence, que si les pays noirs, où la traite existe, avaient la malechance d'être les débiteurs de la Haute-finance européenne, celle-ci, renversant les tables, — prendrait à ferme la vente des esclaves, et formerait bientôt un *Condominium*, pour contrôler et exploiter mieux une industrie cent fois condamnée par la philanthropie, dont, selon l'honorable Plénipotentiaire de Russie, — l'Europe aurait le monopole. Les plus pieux d'entre les ayants-droit, en seraient quittes pour voter des fonds destinés — à l'instruction publique, à l'édification d'écoles gratuites, de prisons et d'églises; — et le Dieu de l'immuable justice occidentale, serait désarmé. C'est exact.

Lord Salisbury, souriant.

Fort bien dit.

(Le représentant de France et son collègue d'Allemagne, approuvent d'un air gracieux et indulgent.)

Le Scheik Ibrahim.

Si, par hypothèse, l'Égypte se trouvait être une des colonies de la France, de l'Angleterre et même de l'Allemagne... la traiterait-on ainsi..? Je puis affirmer que non. — Cependant notre pays n'appartient-il pas, aussi bien que le vôtre, à cette grande famille humaine, créée libre, et à laquelle Dieu a enseigné l'amour du prochain — comme le premier des devoirs? — Eh bien, Messieurs, en dépit de ce précepte, que l'on retrouve dans la bouche de tous les civilisateurs, l'Occident, agit envers nous et nous fait suer des millions, comme s'il nous eût conquis. — Si la Porte paie les professeurs, les *Wundærzte* que M. de Bismark lui envoie, à un prix très élevé, — son Trésor n'est pas mis en coupe réglée par ces docteurs théoriciens. — L'Europe et l'Amérique ne se débarrassèrent-elles pas des tyrans qui la gouvernaient, par la révolte?... D'aucuns pays même, employèrent, pour se libérer, des moyens que l'humanité répudie... Qu'avons-nous fait, nous — en Égypte — sinon d'imiter les meilleurs modèles du genre. — Mais avec nous, c'est différent.—Le débiteur musulman — n'est pas le « prochain » du créancier chrétien, qui tient notre chair et notre sang en gage,— pour se garantir des dettes du Satrape déchu. Est-il logique de reprocher à l'Égypte son ignorance politico-sociale quand ses fils n'ont pas une minute de repos,— fixés qu'ils sont aux fers du fisc,— et que l'Europe, par ses agissements, la retient dans les langes de la servitude. Comment se relèvera-t-elle, à ses propres yeux,— lorsqu'on répond à ses aspirations légitimes par le canon? Supposez un père brutal, frappant sans cesse — son enfant, et ne l'accueillant qu'avec des rebuffades! Que deviendra celui-ci... Un mauvais sujet ou un âne..... Cependant les fellahs n'ont pas comme leurs frères d'Europe à se défendre contre la dégradante marée, toujours ascendante, de l'alcoolisme — par des lois spéciales et inutiles, honteuses pour qui les confectionne comme pour celui qui les vote; — ni à parquer, administrativement, ses travailleurs malheureux et ses pauvres, dans les peu charitables catégories de l'aumône publique... Ses bagnes et ses prisons, honte de son gouvernement despotique, renferment plus d'innocents que de vrais criminels... La luxure, l'intempérance et le libertinage, enfin, n'ont pas plus corrompu le peuple nilotique qu'ils n'en ont amené la dégénérescence... Non, Messieurs, l'Égypte n'a à lutter contre aucune de ces pestilences, qui voyagent sur les ailes mordorées de la civilisation moderne occidentale. Les principaux fléaux qu'il est de notre devoir impérieux de combattre, c'est, — d'un côté l'usure et l'injustice, et de l'autre — les influences politiques étrangères, qui en se livrant bataille sur notre territoire, compromettent, chaque jour davantage, la paix et le bien-être des populations.

Je le sais, Messieurs, ces paroles sont sévères... dures, et paraîtront téméraires à quelques membres de l'assemblée. Au fond... j'en ai la conviction, la Conférence entière m'en absoudra, — car les éminents personnages auquel j'ai l'honneur de m'adresser, et qui veulent bien m'écouter — n'oublieront jamais qu'eux-mêmes, sont appelés à diriger de leurs conseils les nations les plus avancées du monde entier. — Plus que toute autre, cette noblesse-là oblige.

Vous me permettrez de vous le dire, Messieurs,

les populations des vallées du Nil sont autorisées à attendre mieux de leurs grands protecteurs. — Nous osons espérer que les Puissances, qui paraissent s'être donné le mot pour civiliser « commercialement » le monde africain, ne perdront pas de vue que les grandes nationalités, de races et de religion, méritent d'être respectées. C'est à ce titre que nous faisons partie de la famille Arabe, qui, tôt ou tard, doit occuper une place parmi les nations. Rappelez-vous que le fellah n'a, réellement, que les yeux pour pleurer, et un léger vêtement, les haillons du pauvre, pour se couvrir, lui, qui fait produire, annuellement, au sol 800,000,000 de francs, soit 32,000,000 de livres sterling ! Ce chiffre est consigné dans le rapport de M. Cave. Où va cette somme immense?.. Je ne vous le répéterai pas, vous l'avez entendu à satiété. Dites-vous seulement que si le paysan nilotique mangeait, buvait et s'habillait, comme le fait la grande moyenne de ses congénères en Europe, et s'il était logé comme eux, la totalité du coupon réclamé ne suffirait pas à lui en procurer les moyens. La diplomatie a inventé, a créé un « Droit International » à sa guise... et qui a force de loi. Cette puissance — et c'en est une, parait-il, a oublié de compléter son œuvre en établissant une « Morale Internationale, » complément *sine qua non* du Droit auquel je fais allusion, et dont les cabinets, dans leur politique orientale et égyptienne, ont constamment nié l'existence ou méconnu la nécessité.

Nous ne demandons rien, Messieurs, qui ne soit du domaine de l'humanité la plus élémentaire ; nous le refuser, plus longtemps, serait une honte pour la vraie civilisation.

Je termine en remerciant l'assemblée de la bienveillance et de la courtoisie qu'elle nous a témoignées. Que Dieu vous conseille, et vous donne la santé et la paix à tous. *(Les trois délégués: Amin.)*

Lord Salisbury.

J'ai quelques questions à adresser à l'orateur.

Peut-il m'indiquer, en son âme et conscience, quelle serait la meilleure forme de gouvernement en Egypte?

Le Scheik Ibrahim.

Vu les évènements qui, en provoquant le soulèvement du pays, ont laissé dans les esprits un sentiment d'angoisse et de méfiance sourdes, le gouvernement, le plus propre à rétablir la paix et la félicité, est celui dont les traits principaux sont consignés dans le document que la mission nilotique a été chargé de remettre à la Conférence.

Lord Salisbury.

Vous admettez, par conséquent, un souverain, un Vice-Roi nommé par la Porte?

Le Scheik Ibrahim.

Oui, Mylord. Néanmoins, je dois informer Votre Seigneurie, que la nation égyptienne, dans son vif désir de régénération, préfèrerait, à tout délégué ottoman, voir au Caire un Lord Haut-Commissaire britannique, l'aider de ses conseils et veiller à ce que la Constitution ne fût pas violée.

Lord Salisbury.

L'Égypte a-t-elle un candidat de son choix?

Le Scheik Ibrahim.

Après Arabi, comme Président-Gouverneur, la nation égyptienne n'en voit qu'un seul capable de succéder au Khédive actuel. C'est le prince Halim, homme capable et intègre, et dernier fils survivant de Méhémet-Ali, s'il accepte les conditions, très raisonnables, formulées au Memorandum lu en cette enceinte. Ce personnage est un véritable Egyptien, connu, estimé et aimé des paysans, et que la race arabe entière respecte. Mais nous désirons que Votre Seigneurie soit bien convaincue d'une chose : aucune immixtion intérieure ne doit être permise à la Porte, qui n'est que notre suzeraine, dont les délégués et les Pachas, aussi bien que la politique, ont toujours été des fléaux pour l'Égypte. — Nous insistons sur ce point, Mylord, alors qu'il est encore temps, nous l'espérons, de régler la ligne de conduite dictée par le Gouvernement conservateur à sir Henry Wolff, sur ces données, lesquelles représentent les vues bien arrêtées du pays nilotique. Agir autrement, serait vouloir ramener l'Egypte à cent ans en arrière, et la faire déchoir au rang d'un simple Villayet de l'Empire.

Lord Salisbury.

L'esprit et le texte de votre réponse ne sont pas éloignés de mes propres idées à ce sujet. Ce me sera, à la fois, un plaisir et une gloire, que de rendre à l'Egypte le bien-être moral et la prospérité matérielle auxquels elle a droit. Ses plaintes, ses griefs et ses remarques, si pratiques, seront pris, sans retard, en sérieuse considération.

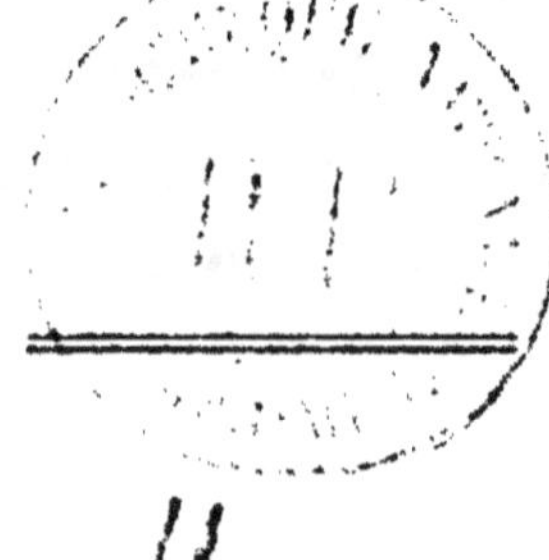

www.ingramcontent.com/pod-product-compliance
Lightning Source LLC
LaVergne TN
LVHW010034230826
846091LV00005B/1687
* 9 7 8 2 0 1 3 3 7 1 9 4 0 *